I0178101

ÁRABE

VOCABULARIO

PALABRAS MÁS USADAS

ESPAÑOL-ÁRABE

Las palabras más útiles
Para expandir su vocabulario y refinar
sus habilidades lingüísticas

3000 palabras

Vocabulario Español-Árabe - 3000 palabras más usadas

por Andrey Taranov

Los vocabularios de T&P Books buscan ayudar en el aprendizaje, la memorización y la revisión de palabras de idiomas extranjeros. El diccionario se divide por temas, cubriendo toda la esfera de las actividades cotidianas, de negocios, ciencias, cultura, etc.

El proceso de aprendizaje de palabras utilizando los diccionarios temáticos de T&P Books le proporcionará a usted las siguientes ventajas:

- La información del idioma secundario está organizada claramente y predetermina el éxito para las etapas subsiguientes en la memorización de palabras.
- Las palabras derivadas de la misma raíz se agrupan, lo cual permite la memorización de grupos de palabras en vez de palabras aisladas.
- Las unidades pequeñas de palabras facilitan el proceso de reconocimiento de enlaces de asociación que se necesitan para la cohesión del vocabulario.
- De este modo, se puede estimar el número de palabras aprendidas y así también el nivel de conocimiento del idioma.

T&P Books Publishing
www.tpbooks.com

ISBN: 978-1-78716-742-1

Este libro está disponible en formato electrónico o de E-Book también.
Visite www.tpbooks.com o las librerías electrónicas más destacadas en la Red.

VOCABULARIO ÁRABE
palabras más usadas

Los vocabularios de T&P Books buscan ayudar al aprendiz a aprender, memorizar y repasar palabras de idiomas extranjeros. Los vocabularios contienen más de 3000 palabras comúnmente usadas y organizadas de manera temática.

- El vocabulario contiene las palabras corrientes más usadas.
- Se recomienda como ayuda adicional a cualquier curso de idiomas.
- Capta las necesidades de aprendices de nivel principiante y avanzado.
- Es conveniente para uso cotidiano, prácticas de revisión y actividades de auto-evaluación.
- Facilita la evaluación del vocabulario.

Aspectos claves del vocabulario

- Las palabras se organizan según el significado, no según el orden alfabético.
- Las palabras se presentan en tres columnas para facilitar los procesos de repaso y auto-evaluación.
- Los grupos de palabras se dividen en pequeñas secciones para facilitar el proceso de aprendizaje.
- El vocabulario ofrece una transcripción sencilla y conveniente de cada palabra extranjera.

El vocabulario contiene 101 temas que incluyen lo siguiente:

Conceptos básicos, números, colores, meses, estaciones, unidades de medidas, ropa y accesorios, comida y nutrición, restaurantes, familia nuclear, familia extendida, características de personalidad, sentimientos, emociones, enfermedades, la ciudad y el pueblo, exploración del paisaje, compras, finanzas, la casa, el hogar, la oficina, el trabajo en oficina, importación y exportación, promociones, búsqueda de trabajo, deportes, educación, computación, la red, herramientas, la naturaleza, los países, las nacionalidades y más ...

TABLA DE CONTENIDO

GUÍA DE PRONUNCIACIÓN

T&P alfabeto fonético	Ejemplo Árabe	Ejemplo español
[a]	طفَى [ṭaffa]	radio
[ā]	إختار [iχtār]	contraataque
[e]	هامبورجر [hamburger]	verano
[i]	زفاف [zifāf]	ilegal
[ī]	أبريل [abrīl]	destino
[u]	كلكتا [kalkutta]	mundo
[ū]	جاموس [ʒāmūs]	nocturna
[b]	بداية [bidāya]	en barco
[d]	سعادة [sa'āda]	desierto
[ḍ]	وضع [waḍ']	[d] faríngea
[ʒ]	الأرجنتين [arʒantīn]	adyacente
[ð]	تذكار [tiðkār]	alud
[ẓ]	ظهر [ẓahar]	[z] faríngea
[f]	خفيف [χafīf]	golf
[g]	جولف [gūlf]	jugada
[h]	إتّجاه [ittiʒāh]	registro
[ḥ]	أحبّ [aḥabb]	[h] faríngea
[y]	ذهبيّ [ðahabiy]	asiento
[k]	كرسيّ [kursiy]	charco
[l]	لمح [lamaḥ]	lira
[m]	مرصد [marṣad]	nombre
[n]	جنوب [ʒanūb]	sonar
[p]	كابتشينو [kaputʃīnu]	precio
[q]	وثق [waθiq]	catástrofe
[r]	روح [rūḥ]	era, alfombra
[s]	سخريّة [suχriyya]	salva
[ṣ]	معصم [mi'ṣam]	[s] faríngea
[ʃ]	عشاء [‘aʃā’]	shopping
[t]	تنّوب [tannūb]	torre
[ṭ]	خريطة [χarīṭa]	[t] faríngea
[θ]	ماموث [mamūθ]	pinzas
[v]	فيتنام [vitnām]	travieso
[w]	ودّع [wadda']	acuerdo
[χ]	بخيل [baχīl]	reloj
[ɣ]	تغدّى [taɣadda]	amigo, magnífico
[z]	ماعز [mā'iz]	desde
['] (ayn)	سبعة [sab'a]	fricativa faríngea sonora
['] (hamza)	سأل [sa'al]	oclusiva glotal sorda

ABREVIATURAS
usadas en el vocabulario

Abreviatura en Árabe

du	-	sustantivo plural (doble)
f	-	sustantivo femenino
m	-	sustantivo masculino
pl	-	plural

Abreviatura en español

adj	-	adjetivo
adv	-	adverbio
anim.	-	animado
conj	-	conjunción
etc.	-	etcétera
f	-	sustantivo femenino
f pl	-	femenino plural
fam.	-	uso familiar
fem.	-	femenino
form.	-	uso formal
inanim.	-	inanimado
innum.	-	innumerable
m	-	sustantivo masculino
m pl	-	masculino plural
m, f	-	masculino, femenino
masc.	-	masculino
mat	-	matemáticas
mil.	-	militar
num.	-	numerable
p.ej.	-	por ejemplo
pl	-	plural
pron	-	pronombre
sg	-	singular
v aux	-	verbo auxiliar
vi	-	verbo intransitivo
vi, vt	-	verbo intransitivo, verbo transitivo
vr	-	verbo reflexivo
vt	-	verbo transitivo

CONCEPTOS BÁSICOS

1. Los pronombres

yo	ana	أنا
tú (masc.)	anta	أنت
tú (fem.)	anti	أنت
él	huwa	هو
ella	hiya	هي
nosotros, -as	naḥnu	نحن
vosotros, -as	antum	أنتم
ellos, ellas	hum	هم

2. Saludos. Salutaciones

¡Hola! (form.)	as salāmu ʻalaykum!	السلام عليكم!
¡Buenos días!	ṣabāḥ al xayr!	صباح الخير!
¡Buenas tardes!	nahārak saʻīd!	نهارك سعيد!
¡Buenas noches!	masā' al xayr!	مساء الخير!
decir hola	sallam	سلم
¡Hola! (a un amigo)	salām!	سلام!
saludo (m)	salām (m)	سلام
saludar (vt)	sallam ʻala	سلم على
¿Cómo estás?	kayfa ḥāluka?	كيف حالك؟
¿Qué hay de nuevo?	ma axbārak?	ما أخبارك؟
¡Chau! ¡Adiós!	maʻ as salāma!	مع السلامة!
¡Hasta pronto!	ilal liqā'!	إلى اللقاء!
¡Adiós!	maʻ as salāma!	مع السلامة!
despedirse (vr)	waddaʻ	ودع
¡Hasta luego!	bay bay!	باي باي!
¡Gracias!	ʃukran!	شكرًا!
¡Muchas gracias!	ʃukran ʒazīlan!	شكرًا جزيلًا!
De nada	ʻafwan	عفوًا
No hay de qué	la ʃukr ʻala wāʒib	لا شكر على واجب
De nada	al ʻafw	العفو
¡Disculpa!	'an iðnak!	عن أذنك!
¡Disculpe!	'afwan!	عفوًا!
disculpar (vt)	ʻaðar	عذر
disculparse (vr)	iʻtaðar	إعتذر
Mis disculpas	ana 'āsif	أنا آسف
¡Perdóneme!	la tu'āxiðni!	لا تؤاخذني!
perdonar (vt)	ʻafa	عفا

por favor	min faḍlak	من فضلك
¡No se le olvide!	la tansa!	لا تنس!
¡Ciertamente!	ṭab'an!	طبعًا!
¡Claro que no!	abadan!	أبدًا!
¡De acuerdo!	ittafaqna!	إتّفقنا!
¡Basta!	kifāya!	كفاية!

3. Las preguntas

| ¿Quién? | man? | من؟ |
| ¿Qué? | māða? | ماذا؟ |

¿Dónde?	ayna?	أين؟
¿Adónde?	ila ayna?	إلى أين؟
¿De dónde?	min ayna?	من أين؟

¿Cuándo?	mata?	متى؟
¿Para qué?	li māða?	لماذا؟
¿Por qué?	li māða?	لماذا؟

¿Por qué razón?	li māða?	لماذا؟
¿Cómo?	kayfa?	كيف؟
¿Qué ...? (~ color)	ay?	أي؟
¿Cuál?	ay?	أي؟

¿A quién?	li man?	لمن؟
¿De quién? (~ hablan ...)	'amman?	عمّن؟
¿De qué?	'amma?	عمّا؟
¿Con quién?	ma' man?	مع من؟

| ¿Cuánto? | kam? | كم؟ |
| ¿De quién? (~ es este ...) | li man? | لمن؟ |

4. Las preposiciones

con ... (~ algn)	ma'	مع
sin ... (~ azúcar)	bi dūn	بدون
a ... (p.ej. voy a México)	ila	إلى
de ... (hablar ~)	'an	عن

| antes de ... | qabl | قبل |
| delante de ... | amām | أمام |

debajo	taḥt	تحت
sobre ..., encima de ...	fawq	فوق
en, sobre (~ la mesa)	'ala	على

| de (origen) | min | من |
| de (fabricado de) | min | من |

| dentro de ... | ba'd | بعد |
| encima de ... | 'abr | عبر |

5. Las palabras útiles. Los adverbios. Unidad 1

¿Dónde?	ayna?	أين؟
aquí (adv)	huna	هنا
allí (adv)	hunāk	هناك
en alguna parte	fi makānin ma	في مكان ما
en ninguna parte	la fi ay makān	لا في أي مكان
junto a …	bi ʒānib	بجانب
junto a la ventana	bi ʒānib aʃ ʃubbāk	بجانب الشبّاك
¿A dónde?	ila ayna?	إلى أين؟
aquí (venga ~)	huna	هنا
allí (vendré ~)	hunāk	هناك
de aquí (adv)	min huna	من هنا
de allí (adv)	min hunāk	من هناك
cerca (no lejos)	qarīban	قريبًا
lejos (adv)	baʿīdan	بعيدًا
cerca de …	ʿind	عند
al lado (de …)	qarīban	قريبًا
no lejos (adv)	ɣayr baʿīd	غير بعيد
izquierdo (adj)	al yasār	اليسار
a la izquierda (situado ~)	ʿalaʃ ʃimāl	على الشمال
a la izquierda (girar ~)	ilaʃ ʃimāl	إلى الشمال
derecho (adj)	al yamīn	اليمين
a la derecha (situado ~)	ʿalal yamīn	على اليمين
a la derecha (girar)	Ilal yamīn	إلى اليمين
delante (yo voy ~)	min al amām	من الأمام
delantero (adj)	amāmiy	أمامي
adelante (movimiento)	ilal amām	إلى الأمام
detrás de …	warā'	وراء
desde atrás	min al warā'	من الوراء
atrás (da un paso ~)	ilal warā'	إلى الوراء
centro (m), medio (m)	wasaṭ (m)	وسط
en medio (adv)	fil wasat	في الوسط
de lado (adv)	bi ʒānib	بجانب
en todas partes	fi kull makān	في كل مكان
alrededor (adv)	ḥawl	حول
de dentro (adv)	min ad dāxil	من الداخل
a alguna parte	ila ayy makān	إلى أيّ مكان
todo derecho (adv)	bi aqṣar ṭarīq	بأقصر طريق
atrás (muévelo para ~)	ʔyāban	إيابًا
de alguna parte (adv)	min ayy makān	من أي مكان
no se sabe de dónde	min makānin ma	من مكان ما

primero (adv)	awwalan	أَوَّلًا
segundo (adv)	θāniyan	ثانيًا
tercero (adv)	θāliθan	ثالثًا

de súbito (adv)	faʒʾa	فجأة
al principio (adv)	fil bidāya	في البداية
por primera vez	li ʾawwal marra	لأوَّل مرَّة
mucho tiempo antes ...	qabl ... bi mudda ṭawīla	قبل...بمدّة طويلة
de nuevo (adv)	min ʒadīd	من جديد
para siempre (adv)	ilal abad	إلى الأبد

jamás, nunca (adv)	abadan	أبدًا
de nuevo (adv)	min ʒadīd	من جديد
ahora (adv)	al ʾān	الآن
frecuentemente (adv)	kaθīran	كثيرًا
entonces (adv)	fi ðalika al waqt	في ذلك الوقت
urgentemente (adv)	ʾāʒilan	عاجلًا
usualmente (adv)	kal ʿāda	كالعادة

a propósito, ...	ʿala fikra ...	على فكرة...
es probable	min al mumkin	من الممكن
probablemente (adv)	laʿalla	لعلّ
tal vez	min al mumkin	من الممكن
además ...	bil iḍāfa ila ðalik ...	بالإضافة إلى...
por eso ...	li ðalik	لذلك
a pesar de ...	bir raɣm min ...	بالرغم من...
gracias a ...	bi faḍl ...	بفضل...

qué (pron)	allaði	الذي
que (conj)	anna	أنَّ
algo (~ le ha pasado)	ʃayʾ (m)	شيء
algo (~ así)	ʃayʾ (m)	شيء
nada (f)	la ʃayʾ	لا شيء

quien	allaði	الذي
alguien (viene ~)	aḥad	أحد
alguien (¿ha llamado ~?)	aḥad	أحد

nadie	la aḥad	لا أحد
a ninguna parte	la ila ay makān	لا إلى أي مكان
de nadie	la yaχuṣṣ aḥad	لا يخص أحدًا
de alguien	li aḥad	لأحد

tan, tanto (adv)	hakaða	هكذا
también (~ habla francés)	kaðalika	كذلك
también (p.ej. Yo ~)	ayḍan	أيضًا

6. Las palabras útiles. Los adverbios. Unidad 2

¿Por qué?	li māða?	لماذا؟
no se sabe porqué	li sababin ma	لسبب ما
porque ...	liʾanna ...	لأنَّ...
por cualquier razón (adv)	li amr mā	لأمر ما
y (p.ej. uno y medio)	wa	و

o (p.ej. té o café)	aw	أو
pero (p.ej. me gusta, ~)	lakin	لكن
para (p.ej. es para ti)	li	لـ
demasiado (adv)	kaθīran ʒiddan	كثيرٌ جدًّا
sólo, solamente (adv)	faqaṭ	فقط
exactamente (adv)	biḍ ḍabṭ	بالضبط
unos …,	naḥw	نحو
cerca de … (~ 10 kg)		
aproximadamente	taqrīban	تقريبًا
aproximado (adj)	taqrībiy	تقريبيّ
casi (adv)	taqrīban	تقريبًا
resto (m)	al bāqi (m)	الباقي
cada (adj)	kull	كلّ
cualquier (adj)	ayy	أيّ
mucho (adv)	kaθīr	كثير
muchos (mucha gente)	kaθīr min an nās	كثير من الناس
todos	kull an nās	كل الناس
a cambio de …	muqābil …	مقابل...
en cambio (adv)	muqābil	مقابل
a mano (hecho ~)	bil yad	باليد
poco probable	hayhāt	هيهات
probablemente	la'alla	لعلّ
a propósito (adv)	qaṣdan	قصدا
por accidente (adv)	ṣudfa	صدفة
muy (adv)	ʒiddan	جدًّا
por ejemplo (adv)	maθalan	مثلًا
entre (~ nosotros)	bayn	بين
entre (~ otras cosas)	bayn	بين
tanto (~ gente)	haðihi al kammiyya	هذه الكمية
especialmente (adv)	χāṣṣa	خاصّة

NÚMEROS. MISCELÁNEA

7. Números cardinales. Unidad 1

cero	ṣifr	صفر
uno	wāḥid	واحد
una	wāḥida	واحدة
dos	iθnān	إثنان
tres	θalāθa	ثلاثة
cuatro	arbaʿa	أربعة
cinco	χamsa	خمسة
seis	sitta	ستّة
siete	sabʿa	سبعة
ocho	θamāniya	ثمانية
nueve	tisʿa	تسعة
diez	ʿaʃara	عشرة
once	aḥad ʿaʃar	أحد عشر
doce	iθnā ʿaʃar	إثنا عشر
trece	θalāθat ʿaʃar	ثلاثة عشر
catorce	arbaʿat ʿaʃar	أربعة عشر
quince	χamsat ʿaʃar	خمسة عشر
dieciséis	sittat ʿaʃar	ستّة عشر
diecisiete	sabʿat ʿaʃar	سبعة عشر
dieciocho	θamāniyat ʿaʃar	ثمانية عشر
diecinueve	tisʿat ʿaʃar	تسعة عشر
veinte	ʿiʃrūn	عشرون
veintiuno	wāḥid wa ʿiʃrūn	واحد وعشرون
veintidós	iθnān wa ʿiʃrūn	إثنان وعشرون
veintitrés	θalāθa wa ʿiʃrūn	ثلاثة وعشرون
treinta	θalāθīn	ثلاثون
treinta y uno	wāḥid wa θalāθūn	واحد وثلاثون
treinta y dos	iθnān wa θalāθūn	إثنان وثلاثون
treinta y tres	θalāθa wa θalāθūn	ثلاثة وثلاثون
cuarenta	arbaʿūn	أربعون
cuarenta y uno	wāḥid wa arbaʿūn	واحد وأربعون
cuarenta y dos	iθnān wa arbaʿūn	إثنان وأربعون
cuarenta y tres	θalāθa wa arbaʿūn	ثلاثة وأربعون
cincuenta	χamsūn	خمسون
cincuenta y uno	wāḥid wa χamsūn	واحد وخمسون
cincuenta y dos	iθnān wa χamsūn	إثنان وخمسون
cincuenta y tres	θalāθa wa χamsūn	ثلاثة وخمسون
sesenta	sittūn	ستّون
sesenta y uno	wāḥid wa sittūn	واحد وستّون

sesenta y dos	iθnān wa sittūn	إثنان وستّون
sesenta y tres	θalāθa wa sittūn	ثلاثة وستّون
setenta	sabʿūn	سبعون
setenta y uno	wāḥid wa sabʿūn	واحد وسبعون
setenta y dos	iθnān wa sabʿūn	إثنان وسبعون
setenta y tres	θalāθa wa sabʿūn	ثلاثة وسبعون
ochenta	θamānūn	ثمانون
ochenta y uno	wāḥid wa θamānūn	واحد وثمانون
ochenta y dos	iθnān wa θamānūn	إثنان وثمانون
ochenta y tres	θalāθa wa θamānūn	ثلاثة وثمانون
noventa	tisʿūn	تسعون
noventa y uno	wāḥid wa tisʿūn	واحد وتسعون
noventa y dos	iθnān wa tisʿūn	إثنان وتسعون
noventa y tres	θalāθa wa tisʿūn	ثلاثة وتسعون

8. Números cardinales. Unidad 2

cien	miʾa	مائة
doscientos	miʾatān	مائتان
trescientos	θalāθumiʾa	ثلاثمائة
cuatrocientos	rubʿumiʾa	أربعمائة
quinientos	χamsumiʾa	خمسمائة
seiscientos	sittumiʾa	ستّمائة
setecientos	sabʿumiʾa	سبعمائة
ochocientos	θamānimiʾa	ثمانمائة
novecientos	tisʿumiʾa	تسعمائة
mil	alf	ألف
dos mil	alfān	ألفان
tres mil	θalāθat ʾālāf	ثلاثة آلاف
diez mil	ʿaʃarat ʾālāf	عشرة آلاف
cien mil	miʾat alf	مائة ألف
millón (m)	milyūn (m)	مليون
mil millones	milyār (m)	مليار

9. Números ordinales

primero (adj)	awwal	أوّل
segundo (adj)	θāni	ثان
tercero (adj)	θāliθ	ثالث
cuarto (adj)	rābiʿ	رابع
quinto (adj)	χāmis	خامس
sexto (adj)	sādis	سادس
séptimo (adj)	sābiʿ	سابع
octavo (adj)	θāmin	ثامن
noveno (adj)	tāsiʿ	تاسع
décimo (adj)	ʿāʃir	عاشر

LOS COLORES. LAS UNIDADES DE MEDIDA

10. Los colores

color (m)	lawn (m)	لون
matiz (m)	daraʒat al lawn (m)	درجة اللون
tono (m)	ṣabɣit lūn (f)	لون
arco (m) iris	qaws quzaḥ (m)	قوس قزح
blanco (adj)	abyaḍ	أبيض
negro (adj)	aswad	أسود
gris (adj)	ramādiy	رماديّ
verde (adj)	axḍar	أخضر
amarillo (adj)	aṣfar	أصفر
rojo (adj)	aḥmar	أحمر
azul (adj)	azraq	أزرق
azul claro (adj)	azraq fātiḥ	أزرق فاتح
rosa (adj)	wardiy	ورديّ
naranja (adj)	burtuqāliy	برتقاليّ
violeta (adj)	banafsaʒiy	بنفسجيّ
marrón (adj)	bunniy	بنّيّ
dorado (adj)	ðahabiy	ذهبيّ
argentado (adj)	fiḍḍiy	فضّيّ
beige (adj)	bɛːʒ	بيج
crema (adj)	ʻāʒiy	عاجيّ
turquesa (adj)	fayrūziy	فيروزيّ
rojo cereza (adj)	karaziy	كرزيّ
lila (adj)	laylakiy	ليلكيّ
carmesí (adj)	qirmiziy	قرمزيّ
claro (adj)	fātiḥ	فاتح
oscuro (adj)	ɣāmiq	غامق
vivo (adj)	zāhi	زاه
de color (lápiz ~)	mulawwan	ملوّن
en colores (película ~)	mulawwan	ملوّن
blanco y negro (adj)	abyaḍ wa aswad	أبيض وأسود
unicolor (adj)	waḥīd al lawn, sāda	وحيد اللون، سادة
multicolor (adj)	mutaʻaddid al alwān	متعدّد الألوان

11. Las unidades de medida

peso (m)	wazn (m)	وزن
longitud (f)	ṭūl (m)	طول

anchura (f)	'arḍ (m)	عرض
altura (f)	irtifā' (m)	إرتفاع
profundidad (f)	'umq (m)	عمق
volumen (m)	ḥaʒm (m)	حجم
área (f)	misāḥa (f)	مساحة
gramo (m)	grām (m)	جرام
miligramo (m)	milliɣrām (m)	مليغرام
kilogramo (m)	kiluɣrām (m)	كيلوغرام
tonelada (f)	ṭunn (m)	طن
libra (f)	raṭl (m)	رطل
onza (f)	ūnṣa (f)	أونصة
metro (m)	mitr (m)	متر
milímetro (m)	millimitr (m)	مليمتر
centímetro (m)	santimitr (m)	سنتيمتر
kilómetro (m)	kilumitr (m)	كيلومتر
milla (f)	mīl (m)	ميل
pulgada (f)	būṣa (f)	بوصة
pie (m)	qadam (f)	قدم
yarda (f)	yārda (f)	ياردة
metro (m) cuadrado	mitr murabba' (m)	متر مربّع
hectárea (f)	hiktār (m)	هكتار
litro (m)	litr (m)	لتر
grado (m)	daraʒa (f)	درجة
voltio (m)	vūlt (m)	فولت
amperio (m)	ambīr (m)	أمبير
caballo (m) de fuerza	ḥiṣān (m)	حصان
cantidad (f)	kammiyya (f)	كمّية
un poco de ...	qalīl ...	قليل...
mitad (f)	niṣf (m)	نصف
docena (f)	iθnā 'aʃar (f)	إثنا عشر
pieza (f)	waḥda (f)	وحدة
dimensión (f)	ḥaʒm (m)	حجم
escala (f) (del mapa)	miqyās (m)	مقياس
mínimo (adj)	al adna	الأدنى
el más pequeño (adj)	al aṣɣar	الأصغر
medio (adj)	mutawassiṭ	متوسّط
máximo (adj)	al aqṣa	الأقصى
el más grande (adj)	al akbar	الأكبر

12. Contenedores

tarro (m) de vidrio	barṭamān (m)	برطمان
lata (f)	tanaka (f)	تنكة
cubo (m)	ʒardal (m)	جردل
barril (m)	barmīl (m)	برميل
palangana (f)	ḥawḍ lil ɣasīl (m)	حوض للغسيل

tanque (m)	χazzān (m)	خزّان
petaca (f) (de alcohol)	zamzamiyya (f)	زمزميّة
bidón (m) de gasolina	ʒirikan (m)	جركن
cisterna (f)	χazzān (m)	خزّان
taza (f) (mug de cerámica)	māgg (m)	ماجّ
taza (f) (~ de café)	finʒān (m)	فنجان
platillo (m)	ṭabaq finʒān (m)	طبق فنجان
vaso (m) (~ de agua)	kubbāya (f)	كبّاية
copa (f) (~ de vino)	ka's (f)	كأس
olla (f)	kassirūlla (f)	كاسرولة
botella (f)	zuʒāʒa (f)	زجاجة
cuello (m) de botella	ʻunq (m)	عنق
garrafa (f)	dawraq zuʒāʒiy (m)	دورق زجاجيّ
jarro (m) (~ de agua)	ibrīq (m)	إبريق
recipiente (m)	inā' (m)	إناء
tarro (m)	aṣīṣ (m)	أصيص
florero (m)	vāza (f)	فازة
frasco (m) (~ de perfume)	zuʒāʒa (f)	زجاجة
frasquito (m)	zuʒāʒa (f)	زجاجة
tubo (m)	umbūba (f)	أنبوبة
saco (m) (~ de azúcar)	kīs (m)	كيس
bolsa (f) (~ plástica)	kīs (m)	كيس
paquete (m) (~ de cigarrillos)	ʻulba (f)	علبة
caja (f)	ʻulba (f)	علبة
cajón (m) (~ de madera)	ṣundū' (m)	صندوق
cesta (f)	salla (f)	سلّة

LOS VERBOS MÁS IMPORTANTES

13. Los verbos más importantes. Unidad 1

abrir (vt)	fataḥ	فتح
acabar, terminar (vt)	atamm	أتمّ
aconsejar (vt)	naṣaḥ	نصح
adivinar (vt)	χamman	خمّن
advertir (vt)	ḥaððar	حذر
alabarse, jactarse (vr)	tabāha	تباهى
almorzar (vi)	taɣadda	تغدّى
alquilar (~ una casa)	istaˈʒar	إستأجر
amenazar (vt)	haddad	هدّد
arrepentirse (vr)	nadim	ندم
ayudar (vt)	sāˈad	ساعد
bañarse (vr)	sabaḥ	سبح
bromear (vi)	mazaḥ	مزح
buscar (vt)	baḥaθ	بحث
caer (vi)	saqaṭ	سقط
callarse (vr)	sakat	سكت
cambiar (vt)	ɣayyar	غيّر
castigar, punir (vt)	ˈāqab	عاقب
cavar (vt)	ḥafar	حفر
cazar (vi, vt)	iṣṭād	إصطاد
cenar (vi)	taˈaʃʃa	تعشّى
cesar (vt)	tawaqqaf	توقّف
coger (vt)	amsak	أمسك
comenzar (vt)	badaˈ	بدأ
comparar (vt)	qāran	قارن
comprender (vt)	fahim	فهم
confiar (vt)	waθiq	وثق
confundir (vt)	iχtalaṭ	إختلط
conocer (~ a alguien)	ˈaraf	عرف
contar (vt) (enumerar)	ˈadd	عدّ
contar con ...	iˈtamad ˈala ...	إعتمد على...
continuar (vt)	istamarr	إستمرّ
controlar (vt)	taḥakkam	تحكّم
correr (vi)	ʒara	جرى
costar (vt)	kallaf	كلّف
crear (vt)	χalaq	خلق

14. Los verbos más importantes. Unidad 2

dar (vt)	aˈṭa	أعطى
dar una pista	aˈṭa talmīḥ	أعطى تلميحًا

decir (vt)	qāl	قال
decorar (para la fiesta)	zayyan	زيّن
defender (vt)	dāfaʿ	دافع
dejar caer	awqaʿ	أوقع
desayunar (vi)	afṭar	أفطر
descender (vi)	nazil	نزل
dirigir (administrar)	adār	أدار
disculparse (vr)	iʿtaðar	إعتذر
discutir (vt)	nāqaʃ	ناقش
dudar (vt)	ʃakk fi	شك في
encontrar (hallar)	waʒad	وجد
engañar (vi, vt)	xadaʿ	خدع
entrar (vi)	daxal	دخل
enviar (vt)	arsal	أرسل
equivocarse (vr)	axṭaʾ	أخطأ
escoger (vt)	ixtār	إختار
esconder (vt)	xabaʾ	خبأ
escribir (vt)	katab	كتب
esperar (aguardar)	intazar	إنتظر
esperar (tener esperanza)	tamanna	تمنّى
estar de acuerdo	ittafaq	إتّفق
estudiar (vt)	daras	درس
exigir (vt)	ṭālib	طالب
existir (vi)	kān mawʒūd	كان موجودًا
explicar (vt)	ʃaraḥ	شرح
faltar (a las clases)	ɣāb	غاب
firmar (~ el contrato)	waqqaʿ	وقّع
girar (~ a la izquierda)	inʿaṭaf	إنعطف
gritar (vi)	ṣarax	صرخ
guardar (conservar)	ḥafaz	حفظ
gustar (vi)	aʿʒab	أعجب
hablar (vi, vt)	takallam	تكلّم
hacer (vt)	ʿamal	عمل
informar (vt)	axbar	أخبر
insistir (vi)	aṣarr	أصرّ
insultar (vt)	ahān	أهان
interesarse (vr)	ihtamm	إهتمّ
invitar (vt)	daʿa	دعا
ir (a pie)	maʃa	مشى
jugar (divertirse)	laʿib	لعب

15. Los verbos más importantes. Unidad 3

leer (vi, vt)	qaraʾ	قرأ
liberar (ciudad, etc.)	ḥarrar	حرّر
llamar (por ayuda)	istaɣāθ	إستغاث

| llegar (vi) | waṣal | وصل |
| llorar (vi) | baka | بكى |

matar (vt)	qatal	قتل
mencionar (vt)	ðakar	ذكر
mostrar (vt)	ʿaraḍ	عرض
nadar (vi)	sabaḥ	سبح

negarse (vr)	rafaḍ	رفض
objetar (vt)	iʿtaraḍ	إعترض
observar (vt)	rāqab	راقب
oír (vt)	samiʿ	سمع

olvidar (vt)	nasiy	نسي
orar (vi)	ṣalla	صلّى
ordenar (mil.)	amar	أمر
pagar (vi, vt)	dafaʿ	دفع
pararse (vr)	waqaf	وقف

participar (vi)	iʃtarak	إشترك
pedir (ayuda, etc.)	ṭalab	طلب
pedir (en restaurante)	ṭalab	طلب
pensar (vi, vt)	ẓann	ظنّ

percibir (ver)	lāḥaẓ	لاحظ
perdonar (vt)	ʿafa	عفا
permitir (vt)	raxxaṣ	رخّص
pertenecer a ...	xaṣṣ	خصّ

planear (vt)	xaṭṭaṭ	خطّط
poder (v aux)	istaṭāʿ	إستطاع
poseer (vt)	malak	ملك
preferir (vt)	faḍḍal	فضّل
preguntar (vt)	saʾal	سأل

preparar (la cena)	ḥaḍḍar	حضّر
prever (vt)	tanabbaʾ	تنبّأ
probar, tentar (vt)	ḥāwal	حاول
prometer (vt)	waʿad	وعد
pronunciar (vt)	naṭaq	نطق

proponer (vt)	iqtaraḥ	إقترح
quebrar (vt)	kasar	كسر
quejarse (vr)	ʃaka	شكا
querer (amar)	aḥabb	أحبّ
querer (desear)	arād	أراد

16. Los verbos más importantes. Unidad 4

recomendar (vt)	naṣaḥ	نصح
regañar, reprender (vt)	wabbax	وبّخ
reírse (vr)	ḍaḥik	ضحك
repetir (vt)	karrar	كرّر
reservar (~ una mesa)	ḥaʒaz	حجز

responder (vi, vt)	aʒāb	أجاب
robar (vt)	saraq	سرق
saber (~ algo mas)	ʿaraf	عرف
salir (vi)	χaraʒ	خرج
salvar (vt)	anqað	أنقذ
seguir ...	tabaʿ	تبع
sentarse (vr)	ʒalas	جلس
ser necesario	kān maṭlūb	كان مطلوبا
ser, estar (vi)	kān	كان
significar (vt)	ʿana	عنى
sonreír (vi)	ibtasam	إبتسم
sorprenderse (vr)	indahaʃ	إندهش
subestimar (vt)	istaχaff	إستخفّ
tener (vt)	malak	ملك
tener hambre	arād an yaʾkul	أراد أن يأكل
tener miedo	χāf	خاف
tener prisa	istaʿʒal	إستعجل
tener sed	arād an yaʃrab	أراد أن يشرب
tirar, disparar (vi)	aṭlaq an nār	أطلق النار
tocar (con las manos)	lamas	لمس
tomar (vt)	aχað	أخذ
tomar nota	katab	كتب
trabajar (vi)	ʿamal	عمل
traducir (vt)	tarʒam	ترجم
unir (vt)	waḥḥad	وحّد
vender (vt)	bāʿ	باع
ver (vt)	raʾa	رأى
volar (pájaro, avión)	ṭār	طار

LA HORA. EL CALENDARIO

17. Los días de la semana

lunes (m)	yawm al iθnayn (m)	يوم الإثنين
martes (m)	yawm aθ θulāθā' (m)	يوم الثلاثاء
miércoles (m)	yawm al arbi'ā' (m)	يوم الأربعاء
jueves (m)	yawm al χamīs (m)	يوم الخميس
viernes (m)	yawm al ʒum'a (m)	يوم الجمعة
sábado (m)	yawm as sabt (m)	يوم السبت
domingo (m)	yawm al aḥad (m)	يوم الأحد
hoy (adv)	al yawm	اليوم
mañana (adv)	γadan	غداً
pasado mañana	ba'd γad	بعد غد
ayer (adv)	ams	أمس
anteayer (adv)	awwal ams	أوّل أمس
día (m)	yawm (m)	يوم
día (m) de trabajo	yawm 'amal (m)	يوم عمل
día (m) de fiesta	yawm al 'uṭla ar rasmiyya (m)	يوم العطلة الرسمية
día (m) de descanso	yawm 'uṭla (m)	يوم عطلة
fin (m) de semana	ayyām al 'uṭla (pl)	أيام العطلة
todo el día	ṭūl al yawm	طول اليوم
al día siguiente	fil yawm at tāli	في اليوم التالي
dos días atrás	min yawmayn	قبل يومين
en vísperas (adv)	fil yawm as sābiq	في اليوم السابق
diario (adj)	yawmiy	يومي
cada día (adv)	yawmiyyan	يومياً
semana (f)	usbū' (m)	أسبوع
semana (f) pasada	fil isbū' al māḍi	في الأسبوع الماضي
semana (f) que viene	fil isbū' al qādim	في الأسبوع القادم
semanal (adj)	usbū'iy	أسبوعي
cada semana (adv)	usbū'iyyan	أسبوعياً
2 veces por semana	marratayn fil usbū'	مرّتين في الأسبوع
todos los martes	kull yawm aθ θulaθā'	كل يوم الثلاثاء

18. Las horas. El día y la noche

mañana (f)	ṣabāḥ (m)	صباح
por la mañana	fiṣ ṣabāḥ	في الصباح
mediodía (m)	ẓuhr (m)	ظهر
por la tarde	ba'd aẓ ẓuhr	بعد الظهر
noche (f)	masā' (m)	مساء
por la noche	fil masā'	في المساء

noche (f) (p.ej. 2:00 a.m.)	layl (m)	ليل
por la noche	bil layl	بالليل
medianoche (f)	muntaṣif al layl (m)	منتصف الليل
segundo (m)	θāniya (f)	ثانية
minuto (m)	daqīqa (f)	دقيقة
hora (f)	sā'a (f)	ساعة
media hora (f)	niṣf sā'a (m)	نصف ساعة
cuarto (m) de hora	rub' sā'a (f)	ربع ساعة
quince minutos	xamsat 'aʃar daqīqa	خمس عشرة دقيقة
veinticuatro horas	yawm kāmil (m)	يوم كامل
salida (f) del sol	ʃurūq aʃ ʃams (m)	شروق الشمس
amanecer (m)	faʒr (m)	فجر
madrugada (f)	ṣabāḥ bākir (m)	صباح باكر
puesta (f) del sol	ɣurūb aʃ ʃams (m)	غروب الشمس
de madrugada	fis ṣabāḥ al bākir	في الصباح الباكر
esta mañana	al yawm fiṣ ṣabāḥ	اليوم في الصباح
mañana por la mañana	ɣadan fiṣ ṣabāḥ	غدًا في الصباح
esta tarde	al yawm ba'd aẓ ẓuhr	اليوم بعد الظهر
por la tarde	ba'd aẓ ẓuhr	بعد الظهر
mañana por la tarde	ɣadan ba'd aẓ ẓuhr	غدًا بعد الظهر
esta noche (p.ej. 8:00 p.m.)	al yawm fil masā'	اليوم في المساء
mañana por la noche	ɣadan fil masā'	غدًا في المساء
a las tres en punto	fis sā'a aθ θāliθa tamāman	في الساعة الثالثة تماما
a eso de las cuatro	fis sā'a ar rābi'a taqrīban	في الساعة الرابعة تقريبا
para las doce	ḥattas sā'a aθ θānıya 'aʃara	حتى الساعة الثانية عشرة
dentro de veinte minutos	ba'd 'iʃrīn daqīqa	بعد عشرين دقيقة
dentro de una hora	ba'd sā'a	بعد ساعة
a tiempo (adv)	fi maw'idih	في موعده
... menos cuarto	illa rub'	إلا ربع
durante una hora	ṭiwāl sā'a	طوال الساعة
cada quince minutos	kull rub' sā'a	كل ربع ساعة
día y noche	layl nahār	ليل نهار

19. Los meses. Las estaciones

enero (m)	yanāyir (m)	يناير
febrero (m)	fibrāyir (m)	فبراير
marzo (m)	māris (m)	مارس
abril (m)	abrīl (m)	أبريل
mayo (m)	māyu (m)	مايو
junio (m)	yūnyu (m)	يونيو
julio (m)	yūlyu (m)	يوليو
agosto (m)	aɣusṭus (m)	أغسطس
septiembre (m)	sibtambar (m)	سبتمبر
octubre (m)	uktūbir (m)	أكتوبر
noviembre (m)	nuvimbar (m)	نوفمبر

diciembre (m)	disimbar (m)	ديسمبر
primavera (f)	rabīʿ (m)	ربيع
en primavera	fir rabīʿ	في الربيع
de primavera (adj)	rabīʿiy	ربيعي
verano (m)	ṣayf (m)	صيف
en verano	fiṣ ṣayf	في الصيف
de verano (adj)	ṣayfiy	صيفي
otoño (m)	χarīf (m)	خريف
en otoño	fil χarīf	في الخريف
de otoño (adj)	χarīfiy	خريفي
invierno (m)	ʃitāʾ (m)	شتاء
en invierno	fiʃ ʃitāʾ	في الشتاء
de invierno (adj)	ʃitawiy	شتويّ
mes (m)	ʃahr (m)	شهر
este mes	fi haða aʃ ʃahr	في هذا الشهر
al mes siguiente	fiʃ ʃahr al qādim	في الشهر القادم
el mes pasado	fiʃ ʃahr al māḍi	في الشهر الماضي
hace un mes	qabl ʃahr	قبل شهر
dentro de un mes	baʿd ʃahr	بعد شهر
dentro de dos meses	baʿd ʃahrayn	بعد شهرين
todo el mes	ṭūl aʃ ʃahr	طول الشهر
todo un mes	ʃahr kāmil	شهر كامل
mensual (adj)	ʃahriy	شهريّ
mensualmente (adv)	kull ʃahr	كل شهر
cada mes	kull ʃahr	كل شهر
dos veces por mes	marratayn fiʃ ʃahr	مرّتين في الشهر
año (m)	sana (f)	سنة
este año	fi haðihi as sana	في هذه السنة
el próximo año	fis sana al qādima	في السنة القادمة
el año pasado	fis sana al māḍiya	في السنة الماضية
hace un año	qabla sana	قبل سنة
dentro de un año	baʿd sana	بعد سنة
dentro de dos años	baʿd sanatayn	بعد سنتين
todo el año	ṭūl as sana	طول السنة
todo un año	sana kāmila	سنة كاملة
cada año	kull sana	كل سنة
anual (adj)	sanawiy	سنويّ
anualmente (adv)	kull sana	كل سنة
cuatro veces por año	arbaʿ marrāt fis sana	أريع مرّات في السنة
fecha (f) (la ~ de hoy es …)	tarīχ (m)	تاريخ
fecha (f) (~ de entrega)	tarīχ (m)	تاريخ
calendario (m)	taqwīm (m)	تقويم
medio año (m)	niṣf sana (m)	نصف سنة
seis meses	niṣf sana (m)	نصف سنة
estación (f)	faṣl (m)	فصل
siglo (m)	qarn (m)	قرن

EL VIAJE. EL HOTEL

20. Las vacaciones. El viaje

turismo (m)	siyāḥa (f)	سياحة
turista (m)	sā'iḥ (m)	سائح
viaje (m)	riḥla (f)	رحلة
aventura (f)	muɣāmara (f)	مغامرة
viaje (m) (p.ej. ~ en coche)	riḥla (f)	رحلة
vacaciones (f pl)	ʿuṭla (f)	عطلة
estar de vacaciones	ʿindahu ʿuṭla	عنده عطلة
descanso (m)	istirāḥa (f)	إستراحة
tren (m)	qitār (m)	قطار
en tren	bil qitār	بالقطار
avión (m)	tā'ira (f)	طائرة
en avión	biṭ tā'ira	بالطائرة
en coche	bis sayyāra	بالسيّارة
en barco	bis safīna	بالسفينة
equipaje (m)	aʃ ʃunaṭ (pl)	الشنط
maleta (f)	ḥaqība t safar (f)	حقيبة سفر
carrito (m) de equipaje	ʿarabat ʃunaṭ (f)	عربة شنط
pasaporte (m)	ʒawāz as safar (m)	جواز السفر
visado (m)	ta'ʃīra (f)	تأشيرة
billete (m)	taðkira (f)	تذكرة
billete (m) de avión	taðkirat tā'ira (f)	تذكرة طائرة
guía (f) (libro)	dalīl (m)	دليل
mapa (m)	ɣarīta (f)	خريطة
área (f) (~ rural)	mintaqa (f)	منطقة
lugar (m)	makān (m)	مكان
exotismo (m)	ɣarāba (f)	غرابة
exótico (adj)	ɣarīb	غريب
asombroso (adj)	mudhiʃ	مدهش
grupo (m)	maʒmūʿa (f)	مجموعة
excursión (f)	ʒawla (f)	جولة
guía (m) (persona)	murʃid (m)	مرشد

21. El hotel

hotel (m)	funduq (m)	فندق
motel (m)	mutīl (m)	موتيل
de tres estrellas	θalāθat nuʒūm	ثلاثة نجوم

de cinco estrellas	xamsat nuȝūm	خمسة نجوم
hospedarse (vr)	nazal	نزل
habitación (f)	ɣurfa (f)	غرفة
habitación (f) individual	ɣurfa li ʃaxṣ wāḥid (f)	غرفة لشخص واحد
habitación (f) doble	ɣurfa li ʃaxṣayn (f)	غرفة لشخصين
reservar una habitación	ḥaȝaz ɣurfa	حجز غرفة
media pensión (f)	waȝbitān fil yawm (du)	وجبتان في اليوم
pensión (f) completa	θalāθ waȝabāt fil yawm	ثلاث وجبات في اليوم
con baño	bi ḥawḍ al istiḥmām	بحوض الإستحمام
con ducha	bid duʃ	بالدوش
televisión (f) satélite	tilivizyūn faḍā'iy (m)	تلفزيون فضائيّ
climatizador (m)	takyīf (m)	تكييف
toalla (f)	fūṭa (f)	فوطة
llave (f)	miftāḥ (m)	مفتاح
administrador (m)	mudīr (m)	مدير
camarera (f)	'āmilat tanẓīf ɣuraf (f)	عاملة تنظيف غرف
maletero (m)	ḥammāl (m)	حمّال
portero (m)	bawwāb (m)	بوّاب
restaurante (m)	maṭ'am (m)	مطعم
bar (m)	bār (m)	بار
desayuno (m)	fuṭūr (m)	فطور
cena (f)	'aʃā' (m)	عشاء
buffet (m) libre	bufīh (m)	بوفيه
vestíbulo (m)	radha (f)	ردهة
ascensor (m)	miṣ'ad (m)	مصعد
NO MOLESTAR	ar raȝā' 'adam al iz'āȝ	الرجاء عدم الإزعاج
PROHIBIDO FUMAR	mamnū' at tadxīn	ممنوع التدخين

22. El turismo. La excursión

monumento (m)	timθāl (m)	تمثال
fortaleza (f)	qal'a (f), ḥiṣn (m)	قلعة، حصن
palacio (m)	qaṣr (m)	قصر
castillo (m)	qal'a (f)	قلعة
torre (f)	burȝ (m)	برج
mausoleo (m)	ḍarīḥ (m)	ضريح
arquitectura (f)	handasa mi'māriyya (f)	هندسة معماريّة
medieval (adj)	min al qurūn al wusṭa	من القرون الوسطى
antiguo (adj)	qadīm	قديم
nacional (adj)	waṭaniy	وطنيّ
conocido (adj)	maʃhūr	مشهور
turista (m)	sā'iḥ (m)	سائح
guía (m) (persona)	murʃid (m)	مرشد
excursión (f)	ȝawla (f)	جولة
mostrar (vt)	'araḍ	عرض

contar (una historia)	ḥaddaθ	حدَّث
encontrar (hallar)	waʒad	وجد
perderse (vr)	ḍāʿ	ضاع
plano (m) (~ de metro)	χarīṭa (f)	خريطة
mapa (m) (~ de la ciudad)	χarīṭa (f)	خريطة
recuerdo (m)	tiðkār (m)	تذكار
tienda (f) de regalos	maḥall hadāya (m)	محلّ هدايا
hacer fotos	ṣawwar	صوَّر
fotografiarse (vr)	taṣawwar	تصوَّر

EL TRANSPORTE

23. El aeropuerto

aeropuerto (m)	maṭār (m)	مطار
avión (m)	ṭā'ira (f)	طائرة
compañía (f) aérea	ʃarikat ṭayarān (f)	شركة طيران
controlador (m) aéreo	marāqib al ḥaraka al ʒawwiyya (pl)	مراقب الحركة الجوية
despegue (m)	muɣādara (f)	مغادرة
llegada (f)	wuṣūl (m)	وصول
llegar (en avión)	waṣal	وصل
hora (f) de salida	waqt al muɣādara (m)	وقت المغادرة
hora (f) de llegada	waqt al wuṣūl (m)	وقت الوصول
retrasarse (vr)	ta'aχχar	تأخّر
retraso (m) de vuelo	ta'aχχur ar riḥla (m)	تأخّر الرحلة
pantalla (f) de información	lawḥat al maʿlūmāt (f)	لوحة المعلومات
información (f)	istiʿlāmāt (pl)	إستعلامات
anunciar (vt)	aʿlan	أعلن
vuelo (m)	riḥla (f)	رحلة
aduana (f)	ʒamārik (pl)	جمارك
aduanero (m)	muwaẓẓaf al ʒamārik (m)	موظّف الجمارك
declaración (f) de aduana	taṣrīḥ ʒumrukiy (m)	تصريح جمركيّ
rellenar (vt)	mala'	ملأ
rellenar la declaración	mala' at taṣrīḥ	ملأ التصريح
control (m) de pasaportes	taftīʃ al ʒawāzāt (m)	تفتيش الجوازات
equipaje (m)	aʃ ʃunaṭ (pl)	الشنط
equipaje (m) de mano	ʃunaṭ al yad (pl)	شنط اليد
carrito (m) de equipaje	ʿarabat ʃunaṭ (f)	عربة شنط
aterrizaje (m)	hubūṭ (m)	هبوط
pista (f) de aterrizaje	mamarr al hubūṭ (m)	ممرّ الهبوط
aterrizar (vi)	habaṭ	هبط
escaleras (f pl) (de avión)	sullam aṭ ṭā'ira (m)	سلّم الطائرة
facturación (f) (check-in)	tasʒīl	تسجيل
mostrador (m) de facturación	makān at tasʒīl (m)	مكان التسجيل
hacer el check-in	saʒʒal	سجّل
tarjeta (f) de embarque	biṭāqat ṣuʿūd (f)	بطاقة صعود
puerta (f) de embarque	bawwābat al muɣādara (f)	بوّابة المغادرة
tránsito (m)	tranzīt (m)	ترانزيت
esperar (aguardar)	intaẓar	إنتظر

zona (f) de preembarque	qāʿat al muɣādara (f)	قاعة المغادرة
despedir (vt)	waddaʿ	ودّع
despedirse (vr)	waddaʿ	ودّع

24. El avión

avión (m)	ṭāʾira (f)	طائرة
billete (m) de avión	taðkirat ṭāʾira (f)	تذكرة طائرة
compañía (f) aérea	ʃarikat ṭayarān (f)	شركة طيران
aeropuerto (m)	maṭār (m)	مطار
supersónico (adj)	χāriq liṣ ṣawt	خارق للصوت

comandante (m)	qāʾid aṭ ṭāʾira (m)	قائد الطائرة
tripulación (f)	ṭāqim (m)	طاقم
piloto (m)	ṭayyār (m)	طيّار
azafata (f)	muḍīfat ṭayarān (f)	مضيفة طيران
navegador (m)	mallāḥ (m)	ملّاح

alas (f pl)	aʒniḥa (pl)	أجنحة
cola (f)	ðayl (m)	ذيل
cabina (f)	kabīna (f)	كابينة
motor (m)	mutūr (m)	موتور

| tren (m) de aterrizaje | ʿaʒalāt al hubūṭ (pl) | عجلات الهبوط |
| turbina (f) | turbīna (f) | تربينة |

| hélice (f) | mirwaḥa (f) | مروحة |
| caja (f) negra | muṣaʒʒil aṭ ṭayarān (m) | مسجّل الطيران |

| timón (m) | ʿaʒalat qiyāda (f) | عجلة قيادة |
| combustible (m) | wuqūd (m) | وقود |

instructivo (m) de seguridad	biṭāqat as salāma (f)	بطاقة السلامة
respirador (m) de oxígeno	qināʿ uksiʒīn (m)	قناع أوكسيجين
uniforme (m)	libās muwaḥḥad (m)	لباس موحّد

| chaleco (m) salvavidas | sutrat naʒāt (f) | سترة نجاة |
| paracaídas (m) | miʒallat hubūṭ (f) | مظلّة هبوط |

despegue (m)	iqlāʿ (m)	إقلاع
despegar (vi)	aqlaʿat	أقلعت
pista (f) de despegue	madraʒ aṭ ṭāʾirāt (m)	مدرج الطائرات

| visibilidad (f) | ruʾya (f) | رؤية |
| vuelo (m) | ṭayarān (m) | طيران |

| altura (f) | irtifāʿ (m) | إرتفاع |
| pozo (m) de aire | ʒayb hawāʾiy (m) | جيب هوائيّ |

asiento (m)	maqʿad (m)	مقعد
auriculares (m pl)	sammāʿāt raʾsiya (pl)	سمّاعات رأسيّة
mesita (f) plegable	ṣīniyya qābila liṭ ṭayy (f)	صينية قابلة للطيّ
ventana (f)	ʃubbāk aṭ ṭāʾira (m)	شبّاك الطائرة
pasillo (m)	mamarr (m)	ممرّ

25. El tren

tren (m)	qiṭār (m)	قطار
tren (m) de cercanías	qiṭār (m)	قطار
tren (m) rápido	qiṭār sarī' (m)	قطار سريع
locomotora (f) diésel	qāṭirat dīzil (f)	قاطرة ديزل
tren (m) de vapor	qāṭira buχāriyya (f)	قاطرة إخارية
coche (m)	'araba (f)	عربة
coche (m) restaurante	'arabat al maṭ'am (f)	عربة المطعم
rieles (m pl)	quḍubān (pl)	قضبان
ferrocarril (m)	sikka ḥadīdiyya (f)	سكة حديدية
traviesa (f)	'āriḍa (f)	عارضة
plataforma (f)	raṣīf (m)	رصيف
vía (f)	χaṭṭ (m)	خط
semáforo (m)	simafūr (m)	سيمافور
estación (f)	maḥaṭṭa (f)	محطة
maquinista (m)	sā'iq (m)	سائق
maletero (m)	ḥammāl (m)	حمّال
mozo (m) del vagón	mas'ūl 'arabat al qiṭār (m)	مسؤول عربة القطار
pasajero (m)	rākib (m)	راكب
revisor (m)	kamsariy (m)	كمسري
corredor (m)	mamarr (m)	ممرّ
freno (m) de urgencia	farāmil aṭ ṭawāri' (pl)	فرامل الطوارئ
compartimiento (m)	γurfa (f)	غرفة
litera (f)	sarīr (m)	سرير
litera (f) de arriba	sarīr 'ulwiy (m)	سرير علوي
litera (f) de abajo	sarīr sufliy (m)	سرير سفلي
ropa (f) de cama	aγṭiyat as sarīr (pl)	أغطية السرير
billete (m)	taðkira (f)	تذكرة
horario (m)	ȝadwal (m)	جدول
pantalla (f) de información	lawḥat ma'lūmāt (f)	لوحة معلومات
partir (vi)	γādar	غادر
partida (f) (del tren)	muγādara (f)	مغادرة
llegar (tren)	waṣal	وصل
llegada (f)	wuṣūl (m)	وصول
llegar en tren	waṣal bil qiṭār	وصل بالقطار
tomar el tren	rakib al qiṭār	ركب القطار
bajar del tren	nazil min al qiṭār	نزل من القطار
descarrilamiento (m)	ḥiṭām qiṭār (m)	حطام قطار
descarrilarse (vr)	χaraȝ 'an χaṭṭ sayrih	خرج عن خط سيره
tren (m) de vapor	qāṭira buχāriyya (f)	قاطرة بخارية
fogonero (m)	'aṭaʃȝiy (m)	عطشجي
hogar (m)	furn al muḥarrik (m)	فرن المحرّك
carbón (m)	faḥm (m)	فحم

26. El barco

barco, buque (m)	safīna (f)	سفينة
navío (m)	safīna (f)	سفينة
buque (m) de vapor	bāxira (f)	باخرة
motonave (f)	bāxira nahriyya (f)	باخرة نهريّة
trasatlántico (m)	bāxira siyahiyya (f)	باخرة سياحيّة
crucero (m)	ṭarrād (m)	طرّاد
yate (m)	yaxt (m)	يخت
remolcador (m)	qāṭira (f)	قاطرة
barcaza (f)	ṣandal (m)	صندل
ferry (m)	ʿabbāra (f)	عبّارة
velero (m)	safīna ʃirāʿiyya (m)	سفينة شراعيّة
bergantín (m)	markab ʃirāʿiy (m)	مركب شراعيّ
rompehielos (m)	muhaṭṭimat ʒalīd (f)	محطّمة جليد
submarino (m)	ɣawwāṣa (f)	غوّاصة
bote (m) de remo	markab (m)	مركب
bote (m)	zawraq (m)	زورق
bote (m) salvavidas	qārib naʒāt (m)	قارب نجاة
lancha (f) motora	lanʃ (m)	لنش
capitán (m)	qubṭān (m)	قبطان
marinero (m)	bahhār (m)	بحّار
marino (m)	bahhār (m)	بحّار
tripulación (f)	ṭāqim (m)	طاقم
contramaestre (m)	raʾīs al bahhāra (m)	رئيس البحّارة
grumete (m)	ṣabiy as safīna (m)	صبي السفينة
cocinero (m) de abordo	ṭabbāx (m)	طبّاخ
médico (m) del buque	ṭabīb as safīna (m)	طبيب السفينة
cubierta (f)	saṭh as safīna (m)	سطح السفينة
mástil (m)	sāriya (f)	سارية
vela (f)	ʃirāʿ (m)	شراع
bodega (f)	ʿambar (m)	عنبر
proa (f)	muqaddama (m)	مقدّمة
popa (f)	muʾaxirat as safīna (f)	مؤخّرة السفينة
remo (m)	miʒðāf (m)	مجداف
hélice (f)	mirwaha (f)	مروحة
camarote (m)	kabīna (f)	كابينة
sala (f) de oficiales	ɣurfat al istirāha (f)	غرفة الإستراحة
sala (f) de máquinas	qism al ʾālāt (m)	قسم الآلات
puente (m) de mando	burʒ al qiyāda (m)	برج القيادة
sala (f) de radio	ɣurfat al lāsilkiy (f)	غرفة اللاسلكيّ
onda (f)	mawʒa (f)	موجة
cuaderno (m) de bitácora	siʒil as safīna (m)	سجل السفينة
anteojo (m)	minẓār (m)	منظار
campana (f)	ʒaras (m)	جرس

bandera (f)	ʿalam (m)	علم
cabo (m) (maroma)	ḥabl (m)	حبل
nudo (m)	ʿuqda (f)	عقدة
pasamano (m)	drabizīn (m)	درابزين
pasarela (f)	sullam (m)	سلّم
ancla (f)	mirsāt (f)	مرساة
levar ancla	rafaʿ mirsāt	رفع مرساة
echar ancla	rasa	رسا
cadena (f) del ancla	silsilat mirsāt (f)	سلسلة مرساة
puerto (m)	mīnāʾ (m)	ميناء
embarcadero (m)	marsa (m)	مرسى
amarrar (vt)	rasa	رسا
desamarrar (vt)	aqlaʿ	أقلع
viaje (m)	riḥla (f)	رحلة
crucero (m) (viaje)	riḥla baḥriyya (f)	رحلة بحرية
derrota (f) (rumbo)	masār (m)	مسار
itinerario (m)	ṭarīq (m)	طريق
canal (m) navegable	maʒra milāḥiy (m)	مجرى ملاحيّ
bajío (m)	miyāh ḍaḥla (f)	مياه ضحلة
encallar (vi)	ʒanaḥ	جنح
tempestad (f)	ʿāṣifa (f)	عاصفة
señal (f)	iʃāra (f)	إشارة
hundirse (vr)	ɣariq	غرق
¡Hombre al agua!	saqaṭ raʒul min as safīna!	سقط رجل من السفينة!
SOS	nidāʾ iɣāθa (m)	نداء إغاثة
aro (m) salvavidas	ṭawq naʒāt (m)	طوق نجاة

LA CIUDAD

27. El transporte urbano

autobús (m)	bāṣ (m)	باص
tranvía (m)	trām (m)	ترام
trolebús (m)	truli bāṣ (m)	ترولي باص
itinerario (m)	χaṭṭ (m)	خط
número (m)	raqm (m)	رقم
ir en ...	rakib ...	ركب...
tomar (~ el autobús)	rakib	ركب
bajar (~ del tren)	nazil min	نزل من
parada (f)	mawqif (m)	موقف
próxima parada (f)	al maḥaṭṭa al qādima (f)	المحطة القادمة
parada (f) final	āχir maḥaṭṭa (f)	آخر محطة
horario (m)	ʒadwal (m)	جدول
esperar (aguardar)	intazar	إنتظر
billete (m)	taðkira (f)	تذكرة
precio (m) del billete	uʒra (f)	أجرة
cajero (m)	ṣarrāf (m)	صرّاف
control (m) de billetes	taftīʃ taðkira (m)	تفتيش تذكرة
revisor (m)	mufattiʃ taðākir (m)	مفتش تذاكر
llegar tarde (vi)	ta'aχχar	تأخّر
perder (~ el tren)	ta'aχχar	تأخّر
tener prisa	istaʒal	إستعجل
taxi (m)	taksi (m)	تاكسي
taxista (m)	sā'iq taksi (m)	سائق تاكسي
en taxi	bit taksi	بالتاكسي
parada (f) de taxi	mawqif taksi (m)	موقف تاكسي
llamar un taxi	kallam tāksi	كلّم تاكسي
tomar un taxi	aχað taksi	أخذ تاكسي
tráfico (m)	ḥarakat al murūr (f)	حركة المرور
atasco (m)	zaḥmat al murūr (f)	زحمة المرور
horas (f pl) de punta	sā'at að ðurwa (f)	ساعة الذروة
aparcar (vi)	awqaf	أوقف
aparcar (vt)	awqaf	أوقف
aparcamiento (m)	mawqif as sayyārāt (m)	موقف السيارات
metro (m)	mitru (m)	مترو
estación (f)	maḥaṭṭa (f)	محطة
ir en el metro	rakib al mitru	ركب المترو
tren (m)	qiṭār (m)	قطار
estación (f)	maḥaṭṭat qiṭār (f)	محطة قطار

28. La ciudad. La vida en la ciudad

ciudad (f)	madīna (f)	مدينة
capital (f)	'āṣima (f)	عاصمة
aldea (f)	qarya (f)	قرية
plano (m) de la ciudad	xarīṭat al madīna (f)	خريطة المدينة
centro (m) de la ciudad	markaz al madīna (m)	مركز المدينة
suburbio (m)	ḍāhiya (f)	ضاحية
suburbano (adj)	aḍ ḍawāhi	الضواحي
arrabal (m)	aṭrāf al madīna (pl)	أطراف المدينة
afueras (f pl)	ḍawāhi al madīna (pl)	ضواحي المدينة
barrio (m)	ḥayy (m)	حي
zona (f) de viviendas	ḥayy sakaniy (m)	حي سكني
tráfico (m)	ḥarakat al murūr (f)	حركة المرور
semáforo (m)	iʃārāt al murūr (pl)	إشارات المرور
transporte (m) urbano	wasāʼil an naql (pl)	وسائل النقل
cruce (m)	taqāṭuʻ (m)	تقاطع
paso (m) de peatones	maʻbar al muʃāt (m)	معبر المشاة
paso (m) subterráneo	nafaq muʃāt (m)	نفق مشاة
cruzar (vt)	'abar	عبر
peatón (m)	māʃi (m)	ماش
acera (f)	raṣīf (m)	رصيف
puente (m)	ʒisr (m)	جسر
muelle (m)	kurnīʃ (m)	كورنيش
fuente (f)	nāfūra (f)	نافورة
alameda (f)	mamʃa (m)	ممشى
parque (m)	ḥadīqa (f)	حديقة
bulevar (m)	bulvār (m)	بولفار
plaza (f)	maydān (m)	ميدان
avenida (f)	ʃāriʻ (m)	شارع
calle (f)	ʃāriʻ (m)	شارع
callejón (m)	zuqāq (m)	زقاق
callejón (m) sin salida	ṭarīq masdūd (m)	طريق مسدود
casa (f)	bayt (m)	بيت
edificio (m)	mabna (m)	مبنى
rascacielos (m)	nāṭiḥat saḥāb (f)	ناطحة سحاب
fachada (f)	wāʒiha (f)	واجهة
techo (m)	saqf (m)	سقف
ventana (f)	ʃubbāk (m)	شبّاك
arco (m)	qaws (m)	قوس
columna (f)	'amūd (m)	عمود
esquina (f)	zāwiya (f)	زاوية
escaparate (f)	vatrīna (f)	فترينة
letrero (m) (~ luminoso)	lāfita (f)	لافتة
cartel (m)	mulṣaq (m)	ملصق
cartel (m) publicitario	mulṣaq iʻlāniy (m)	ملصق إعلاني

valla (f) publicitaria	lawḥat i'lānāt (f)	لوحة إعلانات
basura (f)	zubāla (f)	زبالة
cajón (m) de basura	ṣundūq zubāla (m)	صندوق زبالة
tirar basura	rama zubāla	رمى زبالة
basurero (m)	mazbala (f)	مزبلة

cabina (f) telefónica	kuʃk tilifūn (m)	كشك تليفون
farola (f)	'amūd al miṣbāḥ (m)	عمود المصباح
banco (m) (del parque)	dikka (f), kursiy (m)	دكَّة، كرسيّ

policía (m)	ʃurṭiy (m)	شرطيّ
policía (f) (~ nacional)	ʃurṭa (f)	شرطة
mendigo (m)	ʃaḥḥāð (m)	شحَّاذ
persona (f) sin hogar	mutaʃarrid (m)	متشرِّد

29. Las instituciones urbanas

tienda (f)	maḥall (m)	محلّ
farmacia (f)	ṣaydaliyya (f)	صيدليّة
óptica (f)	al adawāt al baṣariyya (pl)	الأدوات البصريَة
centro (m) comercial	markaz tiʒāriy (m)	مركز تجاريّ
supermercado (m)	subirmarkit (m)	سوبرماركت

panadería (f)	maxbaz (m)	مخبز
panadero (m)	xabbāz (m)	خبَّاز
pastelería (f)	dukkān ḥalawāniy (m)	دكَّان حلوانيّ
tienda (f) de comestibles	baqqāla (f)	بقَالة
carnicería (f)	malḥama (f)	ملحمة

| verdulería (f) | dukkān xuḍār (m) | دكَّان خضار |
| mercado (m) | sūq (f) | سوق |

cafetería (f)	kafé (m), maqha (m)	كافيه، مقهى
restaurante (m)	maṭ'am (m)	مطعم
cervecería (f)	ḥāna (f)	حانة
pizzería (f)	maṭ'am pizza (m)	مطعم بيتزا

peluquería (f)	ṣālūn ḥilāqa (m)	صالون حلاقة
oficina (f) de correos	maktab al barīd (m)	مكتب البريد
tintorería (f)	tanẓīf ʒāff (m)	تنظيف جافّ
estudio (m) fotográfico	istūdiyu taṣwīr (m)	إستوديو تصوير

zapatería (f)	maḥall aḥðiya (m)	محلّ أحذية
librería (f)	maḥall kutub (m)	محلّ كتب
tienda (f) deportiva	maḥall riyāḍiy (m)	محلّ رياضيّ

arreglos (m pl) de ropa	maḥall xiyāṭat malābis (m)	محلّ خياطة ملابس
alquiler (m) de ropa	maḥall ta'ʒīr malābis rasmiyya (m)	محلّ تأجير ملابس رسمية
videoclub (m)	maḥal ta'ʒīr vidiyu (m)	محلّ تأجير فيديو

circo (m)	sirk (m)	سيرك
zoológico (m)	ḥadīqat al ḥayawān (f)	حديقة حيوان
cine (m)	sinima (f)	سينما

| museo (m) | mathaf (m) | متحف |
| biblioteca (f) | maktaba (f) | مكتبة |

teatro (m)	masrah (m)	مسرح
ópera (f)	ubra (f)	أوبرا
club (m) nocturno	malha layliy (m)	ملهى ليليّ
casino (m)	kazinu (m)	كازينو

mezquita (f)	masʒid (m)	مسجد
sinagoga (f)	kanīs ma'bad yahūdiy (m)	كنيس معبد يهوديّ
catedral (f)	katidrā'iyya (f)	كاتدرائيّة
templo (m)	ma'bad (m)	معبد
iglesia (f)	kanīsa (f)	كنيسة

instituto (m)	kulliyya (m)	كلّيّة
universidad (f)	ʒāmi'a (f)	جامعة
escuela (f)	madrasa (f)	مدرسة

prefectura (f)	muqāta'a (f)	مقاطعة
alcaldía (f)	baladiyya (f)	بلديّة
hotel (m)	funduq (m)	فندق
banco (m)	bank (m)	بنك

embajada (f)	safāra (f)	سفارة
agencia (f) de viajes	ʃarikat siyāha (f)	شركة سياحة
oficina (f) de información	maktab al isti'lāmāt (m)	مكتب الإستعلامات
oficina (f) de cambio	sarrāfa (f)	صرّافة

| metro (m) | mitru (m) | مترو |
| hospital (m) | mustaʃfa (m) | مستشفى |

| gasolinera (f) | mahattat banzīn (f) | محطّة بنزين |
| aparcamiento (m) | mawqif as sayyārāt (m) | موقف السّيّارات |

30. Los avisos

letrero (m) (~ luminoso)	lāfita (f)	لافتة
cartel (m) (texto escrito)	bayān (m)	بيان
pancarta (f)	mulsaq i'lāniy (m)	ملصق إعلانيّ
señal (m) de dirección	'alāmat ittiʒāh (f)	علامة إتّجاه
flecha (f) (signo)	'alāmat iʃāra (f)	علامة إشارة

advertencia (f)	tahðīr (m)	تحذير
aviso (m)	lāfitat tahðīr (f)	لافتة تحذير
advertir (vt)	haððar	حذّر

día (m) de descanso	yawm 'utla (m)	يوم عطلة
horario (m)	ʒadwal (m)	جدول
horario (m) de apertura	awqāt al 'amal (pl)	أوقات العمل

¡BIENVENIDOS!	ahlan wa sahlan!	أهلًا وسهلًا
ENTRADA	duχūl	دخول
SALIDA	χurūʒ	خروج
EMPUJAR	idfa'	إدفع

TIRAR	isḥab	إسحب
ABIERTO	maftūḥ	مفتوح
CERRADO	muɣlaq	مغلق
MUJERES	lis sayyidāt	للسيدات
HOMBRES	lir riʒāl	للرجال
REBAJAS	xaṣm	خصم
SALDOS	taxfīḍāt	تخفيضات
NOVEDAD	ʒadīd!	جديد!
GRATIS	maʒʒānan	مجَّانًا
¡ATENCIÓN!	intibāh!	إنتباه!
COMPLETO	kull al amākin maḥʒūza	كل الأماكن محجوزة
RESERVADO	maḥʒūz	محجوز
ADMINISTRACIÓN	idāra	إدارة
SÓLO PERSONAL AUTORIZADO	lil ʿāmilīn faqaṭ	للعاملين فقط
CUIDADO CON EL PERRO	iḥðar wuʒūd al kalb	إحذر وجود الكلب
PROHIBIDO FUMAR	mamnūʿ at tadxīn	ممنوع التدخين
NO TOCAR	ʿadam al lams	عدم اللمس
PELIGROSO	xaṭīr	خطير
PELIGRO	xaṭar	خطر
ALTA TENSIÓN	tayyār ʿāli	تيَّار عالي
PROHIBIDO BAÑARSE	as sibāḥa mamnūʿa	السباحة ممنوعة
NO FUNCIONA	muʿaṭṭal	معطّل
INFLAMABLE	sariʿ al iʃtiʿāl	سريع الإشتعال
PROHIBIDO	mamnūʿ	ممنوع
PROHIBIDO EL PASO	mamnūʿ al murūr	ممنوع المرور
RECIÉN PINTADO	iḥðar ṭilāʾ ɣayr ʒāff	إحذر طلاء غير جاف

31. Las compras

comprar (vt)	iʃtara	إشترى
compra (f)	ʃayʾ (m)	شيء
hacer compras	iʃtara	إشترى
compras (f pl)	ʃubinɣ (m)	شوبينغ
estar abierto (tienda)	maftūḥ	مفتوح
estar cerrado	muɣlaq	مغلق
calzado (m)	aḥðiya (pl)	أحذية
ropa (f)	malābis (pl)	ملابس
cosméticos (m pl)	mawādd at taʒmīl (pl)	موادُ التجميل
productos alimenticios	maʾkūlāt (pl)	مأكولات
regalo (m)	hadiyya (f)	هديَّة
vendedor (m)	bāʾiʿ (m)	بائع
vendedora (f)	bāʾiʿa (f)	بائعة
caja (f)	ṣundūʾ ad dafʿ (m)	صندوق الدفع

espejo (m)	mir'āt (f)	مرآة
mostrador (m)	minḍada (f)	منضدة
probador (m)	ɣurfat al qiyās (f)	غرفة القياس
probar (un vestido)	ӡarrab	جرّب
quedar (una ropa, etc.)	nāsab	ناسب
gustar (vi)	a'ӡab	أعجب
precio (m)	si'r (m)	سعر
etiqueta (f) de precio	tikit as si'r (m)	تيكت السعر
costar (vt)	kallaf	كلّف
¿Cuánto?	bikam?	بكم؟
descuento (m)	χaṣm (m)	خصم
no costoso (adj)	ɣayr ɣāli	غير غال
barato (adj)	raχīṣ	رخيص
caro (adj)	ɣāli	غال
Es caro	haða ɣāli	هذا غال
alquiler (m)	isti'ӡār (m)	إستئجار
alquilar (vt)	ista'ӡar	إستأجر
crédito (m)	i'timān (m)	إئتمان
a crédito (adv)	bid dayn	بالدين

LA ROPA Y LOS ACCESORIOS

32. La ropa exterior. Los abrigos

ropa (f)	malābis (pl)	ملابس
ropa (f) de calle	malābis fawqāniyya (pl)	ملابس فوقانيّة
ropa (f) de invierno	malābis ʃitawiyya (pl)	ملابس شتويّة
abrigo (m)	miʿṭaf (m)	معطف
abrigo (m) de piel	miʿṭaf farw (m)	معطف فرو
abrigo (m) corto de piel	ʒakīt farw (m)	جاكيت فرو
chaqueta (f) plumón	ḥaʃiyyat rīʃ (m)	حشية ريش
cazadora (f)	ʒākīt (m)	جاكيت
impermeable (m)	miʿṭaf lil maṭar (m)	معطف للمطر
impermeable (adj)	ṣāmid lil māʾ	صامد للماء

33. Ropa de hombre y mujer

camisa (f)	qamīṣ (m)	قميص
pantalones (m pl)	banṭalūn (m)	بنطلون
jeans, vaqueros (m pl)	ʒīnz (m)	جينز
chaqueta (f), saco (m)	sutra (f)	سترة
traje (m)	badla (f)	بدلة
vestido (m)	fustān (m)	فستان
falda (f)	tannūra (f)	تنّورة
blusa (f)	blūza (f)	بلوزة
rebeca (f), chaqueta (f) de punto	kardigān (m)	كارديجان
chaqueta (f)	ʒākīt (m)	جاكيت
camiseta (f) (T-shirt)	ti ʃirt (m)	تي شيرت
pantalones (m pl) cortos	ʃūrt (m)	شورت
traje (m) deportivo	badlat at tadrīb (f)	بدلة التدريب
bata (f) de baño	θawb ḥammām (m)	ثوب حمّام
pijama (m)	biʒāma (f)	بيجاما
suéter (m)	bulūvir (m)	بلوفر
pulóver (m)	bulūvir (m)	بلوفر
chaleco (m)	ṣudayriy (m)	صديريّ
frac (m)	badlat sahra (f)	بدلة سهرة
esmoquin (m)	smūkin (m)	سموكن
uniforme (m)	zayy muwaḥḥad (m)	زي موحّد
ropa (f) de trabajo	θiyāb al ʿamal (m)	ثياب العمل
mono (m)	uvirūl (m)	اوفرول
bata (f) (p. ej. ~ blanca)	θawb (m)	ثوب

34. La ropa. La ropa interior

Español	Transliteración	العربية
ropa (f) interior	malābis dāχiliyya (pl)	ملابس داخليّة
bóxer (m)	sirwāl dāχiliy riʒāliy (m)	سروال داخلي رجاليّ
bragas (f pl)	sirwāl dāχiliy nisā'iy (m)	سروال داخلي نسائيّ
camiseta (f) interior	qamīṣ bila aqmām (m)	قميص بلا أكمام
calcetines (m pl)	ʒawārib (pl)	جوارب
camisón (m)	qamīṣ nawm (m)	قميص نوم
sostén (m)	ḥammālat ṣadr (f)	حمّالة صدر
calcetines (m pl) altos	ʒawārib ṭawīla (pl)	جوارب طويلة
pantimedias (f pl)	ʒawārib kulūn (pl)	جوارب كولون
medias (f pl)	ʒawārib nisā'iyya (pl)	جوارب نسائية
traje (m) de baño	libās sibāḥa (m)	لباس سباحة

35. Gorras

Español	Transliteración	العربية
gorro (m)	qubba'a (f)	قبّعة
sombrero (m) de fieltro	burnayṭa (f)	برنيطة
gorra (f) de béisbol	kāb baysbūl (m)	كاب بيسبول
gorra (f) plana	qubba'a musaṭṭaḥa (f)	قبّعة مسطّحة
boina (f)	birīh (m)	بيريه
capuchón (m)	γiṭā' (m)	غطاء
panamá (m)	qubba'at banāma (f)	قبّعة بناما
gorro (m) de punto	qubbā'a maḥbūka (m)	قبّعة محبوكة
pañuelo (m)	'īʃārb (m)	إيشارب
sombrero (m) de mujer	burnayṭa (f)	برنيطة
casco (m) (~ protector)	χūða (f)	خوذة
gorro (m) de campaña	kāb (m)	كاب
casco (m) (~ de moto)	χūða (f)	خوذة
bombín (m)	qubba'at dirbi (f)	قبّعة ديربي
sombrero (m) de copa	qubba'a 'āliya (f)	قبّعة عالية

36. El calzado

Español	Transliteración	العربية
calzado (m)	aḥðiya (pl)	أحذية
botas (f pl)	ʒazma (f)	جزمة
zapatos (m pl) (~ de tacón bajo)	ʒazma (f)	جزمة
botas (f pl) altas	būt (m)	بوت
zapatillas (f pl)	ʃibʃib (m)	شبشب
tenis (m pl)	ḥiðā' riyāḍiy (m)	حذاء رياضيّ
zapatillas (f pl) de lona	kutʃi (m)	كوتشي
sandalias (f pl)	ṣandal (pl)	صندل
zapatero (m)	iskāfiy (m)	إسكافيّ
tacón (m)	ka'b (m)	كعب

par (m)	zawʒ (m)	زوج
cordón (m)	ʃarīṭ (m)	شريط
encordonar (vt)	rabaṭ	ربط
calzador (m)	labbāsat ḥiðā' (f)	لبّاسة حذاء
betún (m)	warnīʃ al ḥiðā' (m)	ورنيش الحذاء

37. Accesorios personales

guantes (m pl)	quffāz (m)	قفّاز
manoplas (f pl)	quffāz muɣlaq (m)	قفّاز مغلق
bufanda (f)	ʃ∫ārb (m)	إيشارب
gafas (f pl)	naẓẓāra (f)	نظّارة
montura (f)	iṭār (m)	إطار
paraguas (m)	ʃamsiyya (f)	شمسيّة
bastón (m)	'aṣa (f)	عصا
cepillo (m) de pelo	furʃat ʃa'r (f)	فرشة شعر
abanico (m)	mirwaḥa yadawiyya (f)	مروحة يدويّة
corbata (f)	karavatta (f)	كرافتة
pajarita (f)	babyūn (m)	ببيون
tirantes (m pl)	ḥammāla (f)	حمّالة
moquero (m)	mandīl (m)	منديل
peine (m)	miʃt (m)	مشط
pasador (m) de pelo	dabbūs (m)	دبّوس
horquilla (f)	bansa (m)	بنسة
hebilla (f)	bukla (f)	بكلة
cinturón (m)	ḥizām (m)	حزام
correa (f) (de bolso)	ḥammalat al katf (f)	حمّالة الكتف
bolsa (f)	ʃanṭa (f)	شنطة
bolso (m)	ʃanṭat yad (f)	شنطة يد
mochila (f)	ḥaqībat ẓahr (f)	حقيبة ظهر

38. La ropa. Miscelánea

moda (f)	mūḍa (f)	موضة
de moda (adj)	fil mūḍa	في الموضة
diseñador (m) de moda	muṣammim azyā' (m)	مصمّم أزياء
cuello (m)	yāqa (f)	ياقة
bolsillo (m)	ʒayb (m)	جيب
de bolsillo (adj)	ʒayb	جيب
manga (f)	kumm (m)	كمّ
presilla (f)	'allāqa (f)	علّاقة
bragueta (f)	lisān (m)	لسان
cremallera (f)	zimām munzaliq (m)	زمام منزلق
cierre (m)	miʃbak (m)	مشبك
botón (m)	zirr (m)	زرّ

ojal (m)	ʿurwa (f)	عروة
saltar (un botón)	waqaʿ	وقع
coser (vi, vt)	xāṭ	خاط
bordar (vt)	ṭarraz	طرّز
bordado (m)	taṭrīz (m)	تطريز
aguja (f)	ibra (f)	إبرة
hilo (m)	xayṭ (m)	خيط
costura (f)	darz (m)	درز
ensuciarse (vr)	tawassax	توسّخ
mancha (f)	buqʿa (f)	بقعة
arrugarse (vr)	takarmaʃ	تكرمش
rasgar (vt)	qaṭṭaʿ	قطع
polilla (f)	ʿuθθa (f)	عثّة

39. Productos personales. Cosméticos

pasta (f) de dientes	maʿʒūn asnān (m)	معجون أسنان
cepillo (m) de dientes	furʃat asnān (f)	فرشة أسنان
limpiarse los dientes	nazzaf al asnān	نظّف الأسنان
maquinilla (f) de afeitar	mūs ḥilāqa (m)	موس حلاقة
crema (f) de afeitar	krīm ḥilāqa (m)	كريم حلاقة
afeitarse (vr)	ḥalaq	حلق
jabón (m)	ṣābūn (m)	صابون
champú (m)	ʃāmbū (m)	شامبو
tijeras (f pl)	maqaṣṣ (m)	مقصّ
lima (f) de uñas	mibrad (m)	مبرد
cortaúñas (m pl)	milqaṭ (m)	ملقط
pinzas (f pl)	milqaṭ (m)	ملقط
cosméticos (m pl)	mawādd at taʒmīl (pl)	موادّ التجميل
mascarilla (f)	mask (m)	ماسك
manicura (f)	manikūr (m)	مانيكور
hacer la manicura	ʿamal manikūr	عمل مانيكور
pedicura (f)	badikīr (m)	باديكير
bolsa (f) de maquillaje	ḥaqībat adawāt at taʒmīl (f)	حقيبة أدوات التجميل
polvos (m pl)	budrat waʒh (f)	بودرة وجه
polvera (f)	ʿulbat būdra (f)	علبة بودرة
colorete (m), rubor (m)	aḥmar xudūd (m)	أحمر خدود
perfume (m)	ʿiṭr (m)	عطر
agua (f) de tocador	kulūnya (f)	كولونيا
loción (f)	lusiyun (m)	لوسيون
agua (f) de Colonia	kulūniya (f)	كولونيا
sombra (f) de ojos	ay ʃaduw (m)	اي شادو
lápiz (m) de ojos	kuḥl al ʿuyūn (m)	كحل العيون
rímel (m)	maskara (f)	ماسكارا
pintalabios (m)	aḥmar ʃifāh (m)	أحمر شفاه

esmalte (m) de uñas	mulammi' al aẓāfir (m)	ملمّع الاظافر
fijador (m) para el pelo	muθabbit aʃ ʃaʿr (m)	مثبّت الشعر
desodorante (m)	muzīl rawāʾiḥ (m)	مزيل روائح
crema (f)	krīm (m)	كريم
crema (f) de belleza	krīm lil waʒh (m)	كريم للوجه
crema (f) de manos	krīm lil yadayn (m)	كريم لليدين
crema (f) antiarrugas	krīm muḍādd lit taʒāʿīd (m)	كريم مضادّ للتجاعيد
crema (f) de día	krīm an nahār (m)	كريم النهار
crema (f) de noche	krīm al layl (m)	كريم الليل
de día (adj)	nahāriy	نهاريّ
de noche (adj)	layliy	ليليّ
tampón (m)	tambūn (m)	تانبون
papel (m) higiénico	waraq ḥammām (m)	ورق حمّام
secador (m) de pelo	muʒaffif ʃaʿr (m)	مجفف شعر

40. Los relojes

reloj (m)	sāʿa (f)	ساعة
esfera (f)	waʒh as sāʿa (m)	وجه الساعة
aguja (f)	ʿaqrab as sāʿa (m)	عقرب الساعة
pulsera (f)	siwār sāʿa maʿdaniyya (m)	سوار ساعة معدنية
correa (f) (del reloj)	siwār sāʿa (m)	سوار ساعة
pila (f)	baṭṭāriyya (f)	بطّاريّة
descargarse (vr)	tafarraɣ	تفرّغ
cambiar la pila	ɣayyar al baṭṭāriyya	غيّر البطّاريّة
adelantarse (vr)	sabaq	سبق
retrasarse (vr)	taʾaxxar	تأخّر
reloj (m) de pared	sāʿat ḥāʾiṭ (f)	ساعة حائط
reloj (m) de arena	sāʿa ramliyya (f)	ساعة رمليّة
reloj (m) de sol	sāʿa ʃamsiyya (f)	ساعة شمسيّة
despertador (m)	munabbih (m)	منبّه
relojero (m)	saʿātiy (m)	ساعاتيّ
reparar (vt)	aṣlaḥ	أصلح

LA EXPERIENCIA DIARIA

41. El dinero

dinero (m)	nuqūd (pl)	نقود
cambio (m)	taḥwīl ʿumla (m)	تحويل عملة
curso (m)	siʿr aṣ ṣarf (m)	سعر الصرف
cajero (m) automático	ṣarrāf ʾāliy (m)	صرّاف آليّ
moneda (f)	qiṭʿa naqdiyya (f)	قطعة نقديّة
dólar (m)	dulār (m)	دولار
euro (m)	yuru (m)	يورو
lira (f)	lira iṭāliyya (f)	ليرة إيطالية
marco (m) alemán	mark almāniy (m)	مارك ألماني
franco (m)	frank (m)	فرنك
libra esterlina (f)	ʒunayh istirlīniy (m)	جنيه استرلينيّ
yen (m)	yīn (m)	ين
deuda (f)	dayn (m)	دين
deudor (m)	mudīn (m)	مدين
prestar (vt)	sallaf	سلّف
tomar prestado	istalaf	إستلف
banco (m)	bank (m)	بنك
cuenta (f)	ḥisāb (m)	حساب
ingresar (~ en la cuenta)	awdaʿ	أودع
ingresar en la cuenta	awdaʿ fil ḥisāb	أودع في الحساب
sacar de la cuenta	saḥab min al ḥisāb	سحب من الحساب
tarjeta (f) de crédito	biṭāqat iʾtimān (f)	بطاقة إئتمان
dinero (m) en efectivo	nuqūd (pl)	نقود
cheque (m)	ʃīk (m)	شيك
sacar un cheque	katab ʃīk	كتب شيكًا
talonario (m)	daftar ʃīkāt (m)	دفتر شيكات
cartera (f)	maḥfaẓat ʒīb (f)	محفظة جيب
monedero (m)	maḥfaẓat fakka (f)	محفظة فكّة
caja (f) fuerte	χizāna (f)	خزانة
heredero (m)	wāris (m)	وارث
herencia (f)	wirāθa (f)	وراثة
fortuna (f)	θarwa (f)	ثروة
arriendo (m)	ʾīʒār (m)	إيجار
alquiler (m) (dinero)	uʒrat as sakan (f)	أجرة السكن
alquilar (~ una casa)	istaʾʒar	إستأجر
precio (m)	siʿr (m)	سعر
coste (m)	θaman (m)	ثمن

suma (f)	mablaɣ (m)	مبلغ
gastar (vt)	ṣaraf	صرف
gastos (m pl)	maṣārīf (pl)	مصاريف
economizar (vi, vt)	waffar	وفّر
económico (adj)	muwaffir	موفّر
pagar (vi, vt)	dafa'	دفع
pago (m)	daf' (m)	دفع
cambio (m) (devolver el ~)	al bāqi (m)	الباقي
impuesto (m)	ḍarība (f)	ضريبة
multa (f)	ɣarāma (f)	غرامة
multar (vt)	faraḍ ɣarāma	فرض غرامة

42. La oficina de correos

oficina (f) de correos	maktab al barīd (m)	مكتب البريد
correo (m) (cartas, etc.)	al barīd (m)	البريد
cartero (m)	sā'i al barīd (m)	ساعي البريد
horario (m) de apertura	awqāt al 'amal (pl)	أوقات العمل
carta (f)	risāla (f)	رسالة
carta (f) certificada	risāla musaǧǧala (f)	رسالة مسجّلة
tarjeta (f) postal	biṭāqa barīdiyya (f)	بطاقة بريديّة
telegrama (m)	barqiyya (f)	برقيّة
paquete (m) postal	ṭard (m)	طرد
giro (m) postal	ḥawāla māliyya (f)	حوالة ماليّة
recibir (vt)	istalam	إستلم
enviar (vt)	arsal	أرسل
envío (m)	irsāl (m)	إرسال
dirección (f)	'unwān (m)	عنوان
código (m) postal	raqm al barīd (m)	رقم البريد
expedidor (m)	mursil (m)	مرسل
destinatario (m)	mursal ilayh (m)	مرسل إليه
nombre (m)	ism (m)	إسم
apellido (m)	ism al 'ā'ila (m)	إسم العائلة
tarifa (f)	ta'rīfa (f)	تعريفة
ordinario (adj)	'ādiy	عاديّ
económico (adj)	muwaffir	موفّر
peso (m)	wazn (m)	وزن
pesar (~ una carta)	wazan	وزن
sobre (m)	ẓarf (m)	ظرف
sello (m)	ṭābi' (m)	طابع
poner un sello	alṣaq ṭābi'	ألصق طابعا

43. La banca

banco (m)	bank (m)	بنك
sucursal (f)	far' (m)	فرع

| consultor (m) | muwazzaf bank (m) | موظّف بنك |
| gerente (m) | mudīr (m) | مدير |

cuenta (f)	ḥisāb (m)	حساب
numero (m) de la cuenta	raqm al ḥisāb (m)	رقم الحساب
cuenta (f) corriente	ḥisāb ʒāri (m)	حساب جار
cuenta (f) de ahorros	ḥisāb tawfīr (m)	حساب توفير

abrir una cuenta	fataḥ ḥisāb	فتح حساب
cerrar la cuenta	aɣlaq ḥisāb	أغلق حسابا
ingresar en la cuenta	awdaʻ fil ḥisāb	أودع في الحساب
sacar de la cuenta	saḥab min al ḥisāb	سحب من الحساب

depósito (m)	wadīʻa (f)	وديعة
hacer un depósito	awdaʻ	أودع
giro (m) bancario	ḥawāla (f)	حوالة
hacer un giro	ḥawwal	حوّل

| suma (f) | mablaɣ (m) | مبلغ |
| ¿Cuánto? | kam? | كم؟ |

| firma (f) (nombre) | tawqīʻ (m) | توقيع |
| firmar (vt) | waqqaʻ | وقّع |

tarjeta (f) de crédito	biṭāqat iʼtimān (f)	بطاقة ائتمان
código (m)	kūd (m)	كود
número (m) de tarjeta de crédito	raqm biṭāqat iʼtimān (m)	رقم بطاقة إئتمان
cajero (m) automático	ṣarrāf ʼāliy (m)	صرّاف آليّ

cheque (m)	ʃīk (m)	شيك
sacar un cheque	katab ʃīk	كتب شيكًا
talonario (m)	daftar ʃīkāt (m)	دفتر شيكات

crédito (m)	qarḍ (m)	قرض
pedir el crédito	qaddam ṭalab lil ḥuṣūl ʻala qarḍ	قدّم طلبا للحصول على قرض
obtener un crédito	ḥaṣal ʻala qarḍ	حصل على قرض
conceder un crédito	qaddam qarḍ	قدّم قرضا
garantía (f)	ḍamān (m)	ضمان

44. El teléfono. Las conversaciones telefónicas

teléfono (m)	hātif (m)	هاتف
teléfono (m) móvil	hātif maḥmūl (m)	هاتف محمول
contestador (m)	muʒīb al hātif (m)	مجيب الهاتف

| llamar, telefonear | ittaṣal | إتّصل |
| llamada (f) | mukālama tilifuniyya (f) | مكالمة تليفونية |

marcar un número	ittaṣal bi raqm	إتّصل برقم
¿Sí?, ¿Dígame?	alu!	ألو!
preguntar (vt)	saʼal	سأل
responder (vi, vt)	radd	ردّ

oír (vt)	samiʿ	سمع
bien (adv)	ȝayyidan	جيّداً
mal (adv)	sayyi'an	سيّئاً
ruidos (m pl)	taʃwiʃ (m)	تشويش
auricular (m)	sammāʿa (f)	سمّاعة
descolgar (el teléfono)	rafaʿ as sammāʿa	رفع السمّاعة
colgar el auricular	qafal as sammāʿa	قفل السمّاعة
ocupado (adj)	maʃɣūl	مشغول
sonar (teléfono)	rann	رنّ
guía (f) de teléfonos	dalīl at tilifūn (m)	دليل التليفون
local (adj)	maḥalliyya	محلّية
llamada (f) local	mukālama hātifiyya maḥalliyya (f)	مكالمة هاتفيّة محلّية
de larga distancia	baʿīd al mada	بعيد المدى
llamada (f) de larga distancia	mukālama baʿīdat al mada (f)	مكالمة بعيدة المدى
internacional (adj)	duwaliy	دوليّ
llamada (f) internacional	mukālama duwaliyya (f)	مكالمة دوليّة

45. El teléfono celular

teléfono (m) móvil	hātif maḥmūl (m)	هاتف محمول
pantalla (f)	ȝihāz ʿarḍ (m)	جهاز عرض
botón (m)	zirr (m)	زر
tarjeta SIM (f)	sim kart (m)	سيم كارت
pila (f)	baṭṭāriyya (f)	بطّارية
descargarse (vr)	xalaṣat	خلصت
cargador (m)	ʃāḥin (m)	شاحن
menú (m)	qā'ima (f)	قائمة
preferencias (f pl)	awḍāʿ (pl)	أوضاع
melodía (f)	naɣma (f)	نغمة
seleccionar (vt)	ixtār	إختار
calculadora (f)	'āla ḥāsiba (f)	آلة حاسبة
contestador (m)	barīd ṣawtiy (m)	بريد صوتيّ
despertador (m)	munabbih (m)	منبّه
contactos (m pl)	ȝihāt al ittiṣāl (pl)	جهات الإتّصال
mensaje (m) de texto	risāla qaṣīra ɛsɛmɛs (f)	رسالة قصيرة sms
abonado (m)	muʃtarik (m)	مشترك

46. Los artículos de escritorio. La papelería

bolígrafo (m)	qalam ȝāf (m)	قلم جاف
pluma (f) estilográfica	qalam rīʃa (m)	قلم ريشة
lápiz (m)	qalam ruṣāṣ (m)	قلم رصاص
marcador (m)	markir (m)	ماركر

rotulador (m)	qalam xaṭṭāṭ (m)	قلم خطاط
bloc (m) de notas	muðakkira (f)	مذكرة
agenda (f)	ʒadwal al aʿmāl (m)	جدول الأعمال

regla (f)	masṭara (f)	مسطرة
calculadora (f)	ʾāla ḥāsiba (f)	آلة حاسبة
goma (f) de borrar	astīka (f)	استيكة
chincheta (f)	dabbūs (m)	دبوس
clip (m)	dabbūs waraq (m)	دبوس ورق

cola (f), pegamento (m)	ṣamɣ (m)	صمغ
grapadora (f)	dabbāsa (f)	دباسة
perforador (m)	xarrāma (m)	خرامة
sacapuntas (m)	mibrāt (f)	مبراة

47. Los idiomas extranjeros

lengua (f)	luɣa (f)	لغة
extranjero (adj)	aʒnabiy	أجنبي
lengua (f) extranjera	luɣa aʒnabiyya (f)	لغة أجنبية
estudiar (vt)	daras	درس
aprender (ingles, etc.)	taʿallam	تعلم

leer (vi, vt)	qaraʾ	قرأ
hablar (vi, vt)	takallam	تكلم
comprender (vt)	fahim	فهم
escribir (vt)	katab	كتب

rápidamente (adv)	bi surʿa	بسرعة
lentamente (adv)	bi buṭʾ	ببطء
con fluidez (adv)	bi ṭalāqa	بطلاقة

reglas (f pl)	qawāʿid (pl)	قواعد
gramática (f)	an naḥw waṣ ṣarf (m)	النحو والصرف
vocabulario (m)	mufradāt al luɣa (pl)	مفردات اللغة
fonética (f)	ṣawtīyyāt (pl)	صوتيات

manual (m)	kitāb taʿlīm (m)	كتاب تعليم
diccionario (m)	qāmūs (m)	قاموس
manual (m) autodidáctico	kitāb taʿlīm ðātiy (m)	كتاب تعليم ذاتي
guía (f) de conversación	kitāb lil ʿibārāt aʃ ʃāʾiʿa (m)	كتاب للعبارت الشائعة

casete (m)	ʃarīṭ (m)	شريط
videocasete (f)	ʃarīʾṭ vidiyu (m)	شريط فيديو
disco compacto, CD (m)	si di (m)	سي دي
DVD (m)	di vi di (m)	دي في دي

alfabeto (m)	alifbāʾ (m)	الفباء
deletrear (vt)	tahaʒʒa	تهجى
pronunciación (f)	nuṭq (m)	نطق

acento (m)	lukna (f)	لكنة
con acento	bi lukna	بلكنة
sin acento	bi dūn lukna	بدون لكنة

palabra (f)	kalima (f)	كلمة
significado (m)	ma'na (m)	معنى
cursos (m pl)	dawra (f)	دورة
inscribirse (vr)	saӡӡal ismahu	سجّل إسمه
profesor (m) (~ de inglés)	mudarris (m)	مدرس
traducción (f) (proceso)	tarӡama (f)	ترجمة
traducción (f) (texto)	tarӡama (f)	ترجمة
traductor (m)	mutarӡim (m)	مترجم
intérprete (m)	mutarӡim fawriy (m)	مترجم فوريّ
políglota (m)	'alīm bi 'iddat luɣāt (m)	عليم بعدّة لغات
memoria (f)	ðākira (f)	ذاكرة

LAS COMIDAS. EL RESTAURANTE

48. Los cubiertos

cuchara (f)	mil'aqa (f)	ملعقة
cuchillo (m)	sikkīn (m)	سكّين
tenedor (m)	ʃawka (f)	شوكة
taza (f)	finʒān (m)	فنجان
plato (m)	ṭabaq (m)	طبق
platillo (m)	ṭabaq finʒān (m)	طبق فنجان
servilleta (f)	mandīl (m)	منديل
mondadientes (m)	χallat asnān (f)	خلة أسنان

49. El restaurante

restaurante (m)	maṭ'am (m)	مطعم
cafetería (f)	kafé (m), maqha (m)	كافيه, مقهى
bar (m)	bār (m)	بار
salón (m) de té	ṣālun ʃāy (m)	صالون شاي
camarero (m)	nādil (m)	نادل
camarera (f)	nādila (f)	نادلة
barman (m)	bārman (m)	بارمان
carta (f), menú (m)	qā'imat aṭ ṭa'ām (f)	قائمة طعام
carta (f) de vinos	qā'imat al χumūr (f)	قائمة خمور
reservar una mesa	ḥaʒaz mā'ida	حجز مائدة
plato (m)	waʒba (f)	وجبة
pedir (vt)	ṭalab	طلب
hacer un pedido	ṭalab	طلب
aperitivo (m)	ʃarāb (m)	شراب
entremés (m)	muqabbilāt (pl)	مقبّلات
postre (m)	ḥalawiyyāt (pl)	حلويَات
cuenta (f)	ḥisāb (m)	حساب
pagar la cuenta	dafa' al ḥisāb	دفع الحساب
dar la vuelta	a'ṭa al bāqi	أعطى الباقي
propina (f)	baqʃiʃ (m)	بقشيش

50. Las comidas

comida (f)	akl (m)	أكل
comer (vi, vt)	akal	أكل

desayuno (m)	fuṭūr (m)	فطور
desayunar (vi)	afṭar	أفطر
almuerzo (m)	ɣadā' (m)	غداء
almorzar (vi)	taɣadda	تغدّى
cena (f)	'aʃā' (m)	عشاء
cenar (vi)	ta'aʃʃa	تعشّى

| apetito (m) | ʃahiyya (f) | شهيّة |
| ¡Que aproveche! | hanī'an marī'an! | هنيئًا مريئًا! |

abrir (vt)	fataḥ	فتح
derramar (líquido)	dalaq	دلق
derramarse (líquido)	indalaq	إندلق

hervir (vi)	ɣala	غلى
hervir (vt)	ɣala	غلى
hervido (agua ~a)	maɣliy	مغليّ
enfriar (vt)	barrad	برّد
enfriarse (vr)	tabarrad	تبرّد

| sabor (m) | ṭaʿm (m) | طعم |
| regusto (m) | al maðāq al 'āliq fil fam (m) | المذاق العالق فى الفم |

adelgazar (vi)	faqad al wazn	فقد الوزن
dieta (f)	ḥimya ɣaðā'iyya (f)	حمية غذائية
vitamina (f)	vitamīn (m)	فيتامين
caloría (f)	su'ra ḥarāriyya (f)	سعرة حراريّة
vegetariano (m)	nabātiy (m)	نباتيّ
vegetariano (adj)	nabātiy	نباتيّ

grasas (f pl)	duḥūn (pl)	دهون
proteínas (f pl)	brutināt (pl)	بروتينات
carbohidratos (m pl)	naʃawiyyāt (pl)	نشويّات
loncha (f)	ʃarīḥa (f)	شريحة
pedazo (m)	qiṭʿa (f)	قطعة
miga (f)	futāta (f)	فتاتة

51. Los platos

plato (m)	waʒba (f)	وجبة
cocina (f)	maṭbaχ (m)	مطبخ
receta (f)	waṣfa (f)	وصفة
porción (f)	waʒba (f)	وجبة

| ensalada (f) | sulṭa (f) | سلطة |
| sopa (f) | ʃūrba (f) | شوربة |

caldo (m)	maraq (m)	مرق
bocadillo (m)	sandawitʃ (m)	ساندويتش
huevos (m pl) fritos	bayḍ maqliy (m)	بيض مقليّ

hamburguesa (f)	hamburger (m)	هامبورجر
bistec (m)	biftīk (m)	بفتيك
guarnición (f)	ṭabaq ʒānibiy (m)	طبق جانبيّ

espagueti (m)	spaɣitti (m)	سباغيتي
puré (m) de patatas	harīs baṭāṭis (m)	هريس بطاطس
pizza (f)	bīza (f)	بيتزا
gachas (f pl)	ʿaṣīda (f)	عصيدة
tortilla (f) francesa	bayḍ maxfūq (m)	بيض مخفوق

cocido en agua (adj)	maslūq	مسلوق
ahumado (adj)	mudaxxin	مدخّن
frito (adj)	maqliy	مقليّ
seco (adj)	muȝaffaf	مجفّف
congelado (adj)	muȝammad	مجمّد
marinado (adj)	muxallil	مخلّل

azucarado, dulce (adj)	musakkar	مسكّر
salado (adj)	māliḥ	مالح
frío (adj)	bārid	بارد
caliente (adj)	sāxin	ساخن
amargo (adj)	murr	مرّ
sabroso (adj)	laðīð	لذيذ

cocer en agua	ṭabax	طبخ
preparar (la cena)	ḥaḍḍar	حضّر
freír (vt)	qala	قلي
calentar (vt)	saxxan	سخّن

salar (vt)	mallaḥ	ملّح
poner pimienta	falfal	فلفل
rallar (vt)	baʃar	بشر
piel (f)	qiʃra (f)	قشرة
pelar (vt)	qaʃʃar	قشّر

52. La comida

carne (f)	laḥm (m)	لحم
gallina (f)	daȝāȝ (m)	دجاج
pollo (m)	farrūȝ (m)	فرّوج
pato (m)	baṭṭa (f)	بطّة
ganso (m)	iwazza (f)	إوزّة
caza (f) menor	ṣayd (m)	صيد
pava (f)	daȝāȝ rūmiy (m)	دجاج رومي

carne (f) de cerdo	laḥm al xinzīr (m)	لحم الخنزير
carne (f) de ternera	laḥm il ʿiȝl (m)	لحم العجل
carne (f) de carnero	laḥm aḍ ḍaʾn (m)	لحم الضأن
carne (f) de vaca	laḥm al baqar (m)	لحم البقر
conejo (m)	arnab (m)	أرنب

salchichón (m)	suȝuq (m)	سجق
salchicha (f)	suȝuq (m)	سجق
beicon (m)	bikūn (m)	بيكن
jamón (m)	hām (m)	هام
jamón (m) fresco	faxð xinzīr (m)	فخذ خنزير
paté (m)	maʿȝūn laḥm (m)	معجون لحم
hígado (m)	kibda (f)	كبدة

carne (f) picada	ḥaʃwa (f)	حشوة
lengua (f)	lisān (m)	لسان
huevo (m)	bayḍa (f)	بيضة
huevos (m pl)	bayḍ (m)	بيض
clara (f)	bayāḍ al bayḍ (m)	بياض البيض
yema (f)	ṣafār al bayḍ (m)	صفار البيض
pescado (m)	samak (m)	سمك
mariscos (m pl)	fawākih al baḥr (pl)	فواكه البحر
caviar (m)	kaviyār (m)	كافيار
cangrejo (m) de mar	salṭaʿūn (m)	سلطعون
camarón (m)	ʒambari (m)	جمبري
ostra (f)	maḥār (m)	محار
langosta (f)	karkand ʃāik (m)	كركند شائك
pulpo (m)	uxṭubūṭ (m)	أخطبوط
calamar (m)	kalmāri (m)	كالماري
esturión (m)	samak al ḥaʃʃ (m)	سمك الحفش
salmón (m)	salmūn (m)	سلمون
fletán (m)	samak al halbūt (m)	سمك الهلبوت
bacalao (m)	samak al qudd (m)	سمك القدّ
caballa (f)	usqumriy (m)	أسقمريّ
atún (m)	tūna (f)	تونة
anguila (f)	ḥankalīs (m)	حنكليس
trucha (f)	salmūn muraqqaṭ (m)	سلمون مرقّط
sardina (f)	sardīn (m)	سردين
lucio (m)	samak al karāki (m)	سمك الكراكي
arenque (m)	rinʒa (f)	رنجة
pan (m)	xubz (m)	خبز
queso (m)	ʒubna (f)	جبنة
azúcar (m)	sukkar (m)	سكّر
sal (f)	milḥ (m)	ملح
arroz (m)	urz (m)	أرز
macarrones (m pl)	makarūna (f)	مكرونة
tallarines (m pl)	nūdlis (f)	نودلز
mantequilla (f)	zubda (f)	زبدة
aceite (m) vegetal	zayt (m)	زيت
aceite (m) de girasol	zayt ʿabīd aʃ ʃams (m)	زيت عبيد الشمس
margarina (f)	marɣarīn (m)	مرغرين
olivas, aceitunas (f pl)	zaytūn (m)	زيتون
aceite (m) de oliva	zayt az zaytūn (m)	زيت الزيتون
leche (f)	ḥalīb (m)	حليب
leche (f) condensada	ḥalīb mukaθθaf (m)	حليب مكثّف
yogur (m)	yūɣurt (m)	يوغورت
nata (f) agria	krīma ḥāmiḍa (f)	كريمة حامضة
nata (f) líquida	krīma (f)	كريمة
mayonesa (f)	mayunīz (m)	مايونيز

crema (f) de mantequilla	krīmat zubda (f)	كريمة زبدة
cereales (m pl) integrales	ḥubūb (pl)	حبوب
harina (f)	daqīq (m)	دقيق
conservas (f pl)	muʿallabāt (pl)	معلّبات

copos (m pl) de maíz	kurn fliks (m)	كورن فليكس
miel (f)	ʿasal (m)	عسل
confitura (f)	murabba (m)	مربّى
chicle (m)	ʿilk (m)	علك

53. Las bebidas

agua (f)	mā' (m)	ماء
agua (f) potable	mā' ʃurb (m)	ماء شرب
agua (f) mineral	mā' maʿdaniy (m)	ماء معدنيّ

sin gas	bi dūn ɣāz	بدون غاز
gaseoso (adj)	mukarban	مكربن
con gas	bil ɣāz	بالغاز
hielo (m)	θalʒ (m)	ثلج
con hielo	biθ θalʒ	بالثلج

sin alcohol	bi dūn kuḥūl	بدون كحول
bebida (f) sin alcohol	maʃrūb ɣāziy (m)	مشروب غازي
refresco (m)	maʃrūb muθallaʒ (m)	مشروب مثلج
limonada (f)	ʃarāb laymūn (m)	شراب ليمون

bebidas (f pl) alcohólicas	maʃrūbāt kuḥūliyya (pl)	مشروبات كحوليّة
vino (m)	nabīð (f)	نبيذ
vino (m) blanco	nibīð abyaḍ (m)	نبيذ أبيض
vino (m) tinto	nabīð aḥmar (m)	نبيذ أحمر

licor (m)	liqiūr (m)	ليكيور
champaña (f)	ʃambāniya (f)	شمبانيا
vermú (m)	virmut (m)	فيرموث

whisky (m)	wiski (m)	وسكي
vodka (m)	vudka (f)	فودكا
ginebra (f)	ʒīn (m)	جين
coñac (m)	kunyāk (m)	كونياك
ron (m)	rum (m)	رم

café (m)	qahwa (f)	قهوة
café (m) solo	qahwa sāda (f)	قهوة سادة
café (m) con leche	qahwa bil ḥalīb (f)	قهوة بالحليب
capuchino (m)	kaputʃīnu (m)	كابتشينو
café (m) soluble	niskafi (m)	نيسكافيه

leche (f)	ḥalīb (m)	حليب
cóctel (m)	kuktayl (m)	كوكتيل
batido (m)	milk ʃiyk (m)	ميلك شيك

| zumo (m), jugo (m) | ʿaṣīr (m) | عصير |
| jugo (m) de tomate | ʿaṣīr ṭamāṭim (m) | عصير طماطم |

zumo (m) de naranja	ʿaṣīr burtuqāl (m)	عصير برتقال
zumo (m) fresco	ʿaṣīr ṭāziʒ (m)	عصير طازج
cerveza (f)	bīra (f)	بيرة
cerveza (f) rubia	bīra xafīfa (f)	بيرة خفيفة
cerveza (f) negra	bīra ɣāmiqa (f)	بيرة غامقة
té (m)	ʃāy (m)	شاي
té (m) negro	ʃāy aswad (m)	شاي أسود
té (m) verde	ʃāy axḍar (m)	شاي أخضر

54. Las verduras

legumbres (f pl)	xuḍār (pl)	خضار
verduras (f pl)	xuḍrawāt waraqiyya (pl)	خضروات ورقيّة
tomate (m)	ṭamāṭim (f)	طماطم
pepino (m)	xiyār (m)	خيار
zanahoria (f)	ʒazar (m)	جزر
patata (f)	baṭāṭis (f)	بطاطس
cebolla (f)	baṣal (m)	بصل
ajo (m)	θūm (m)	ثوم
col (f)	kurumb (m)	كرنب
coliflor (f)	qarnabīṭ (m)	قرنبيط
col (f) de Bruselas	kurumb brūksil (m)	كرنب بروكسل
brócoli (m)	brukuli (m)	بركولي
remolacha (f)	banʒar (m)	بنجر
berenjena (f)	bātinʒān (m)	باذنجان
calabacín (m)	kūsa (f)	كوسة
calabaza (f)	qarʿ (m)	قرع
nabo (m)	lift (m)	لفت
perejil (m)	baqdūnis (m)	بقدونس
eneldo (m)	ʃabat (m)	شبت
lechuga (f)	xass (m)	خسّ
apio (m)	karafs (m)	كرفس
espárrago (m)	halyūn (m)	هليون
espinaca (f)	sabānix (m)	سبانخ
guisante (m)	bisilla (f)	بسلّة
habas (f pl)	fūl (m)	فول
maíz (m)	ðura (f)	ذرة
fréjol (m)	faṣūliya (f)	فاصوليا
pimiento (m) dulce	filfil (m)	فلفل
rábano (m)	fiʒl (m)	فجل
alcachofa (f)	xurʃūf (m)	خرشوف

55. Las frutas. Las nueces

fruto (m)	fākiha (f)	فاكهة
manzana (f)	tuffāḥa (f)	تفّاحة

pera (f)	kummaθra (f)	كمّثرى
limón (m)	laymūn (m)	ليمون
naranja (f)	burtuqāl (m)	برتقال
fresa (f)	farawla (f)	فراولة

mandarina (f)	yūsufiy (m)	يوسفي
ciruela (f)	barqūq (m)	برقوق
melocotón (m)	durrāq (m)	دراق
albaricoque (m)	miʃmiʃ (f)	مشمش
frambuesa (f)	tūt al ʿullayq al aḥmar (m)	توت العليق الأحمر
piña (f)	ananās (m)	أناناس

banana (f)	mawz (m)	موز
sandía (f)	baṭṭīχ aḥmar (m)	بطيخ أحمر
uva (f)	ʿinab (m)	عنب
guinda (f), cereza (f)	karaz (m)	كرز
melón (m)	baṭṭīχ aṣfar (f)	بطيخ أصفر

pomelo (m)	zinbāʿ (m)	زنباع
aguacate (m)	avukādu (f)	افوكاتو
papaya (f)	babāya (m)	بابايا
mango (m)	mangu (m)	مانجو
granada (f)	rummān (m)	رمان

grosella (f) roja	kiʃmiʃ aḥmar (m)	كشمش أحمر
grosella (f) negra	ʿinab aθ θaʿlab al aswad (m)	عنب الثعلب الأسود
grosella (f) espinosa	ʿinab aθ θaʿlab (m)	عنب الثعلب
arándano (m)	ʿinab al aḥrāʒ (m)	عنب الأحراج
zarzamoras (f pl)	θamar al ʿullayk (m)	ثمر العليق

pasas (f pl)	zabīb (m)	زبيب
higo (m)	tīn (m)	تين
dátil (m)	tamr (m)	تمر

cacahuete (m)	fūl sudāniy (m)	فول سودانيّ
almendra (f)	lawz (m)	لوز
nuez (f)	ʿayn al ʒamal (f)	عين الجمل
avellana (f)	bunduq (m)	بندق
nuez (f) de coco	ʒawz al hind (m)	جوز هند
pistachos (m pl)	fustuq (m)	فستق

56. El pan. Los dulces

pasteles (m pl)	ḥalawiyyāt (pl)	حلويّات
pan (m)	χubz (m)	خبز
galletas (f pl)	baskawīt (m)	بسكويت

chocolate (m)	ʃukulāta (f)	شكولاتة
de chocolate (adj)	biʃ ʃukulāṭa	بالشكولاتة
caramelo (m)	bumbūn (m)	بونبون
tarta (f) (pequeña)	kaʿk (m)	كعك
tarta (f) (~ de cumpleaños)	tūrta (f)	تورتة
tarta (f) (~ de manzana)	faṭīra (f)	فطيرة
relleno (m)	ḥaʃwa (f)	حشوة

confitura (f)	murabba (m)	مربّى
mermelada (f)	marmalād (f)	مرملاد
gofre (m)	wāfil (m)	وافل
helado (m)	muθallaʒāt (pl)	مثلّجات
pudin (m)	būding (m)	بودنج

57. Las especias

sal (f)	milḥ (m)	ملح
salado (adj)	māliḥ	مالح
salar (vt)	mallaḥ	ملح
pimienta (f) negra	filfil aswad (m)	فلفل أسود
pimienta (f) roja	filfil aḥmar (m)	فلفل أحمر
mostaza (f)	ṣalṣat al xardal (f)	صلصة الخردل
rábano (m) picante	fiʒl ḥārr (m)	فجل حارّ
condimento (m)	tābil (m)	تابل
especia (f)	bahār (m)	بهار
salsa (f)	ṣalṣa (f)	صلصة
vinagre (m)	xall (m)	خلّ
anís (m)	yānsūn (m)	يانسون
albahaca (f)	rīḥān (m)	ريحان
clavo (m)	qurumful (m)	قرنفل
jengibre (m)	zanʒabīl (m)	زنجبيل
cilantro (m)	kuzbara (f)	كزبرة
canela (f)	qirfa (f)	قرفة
sésamo (m)	simsim (m)	سمسم
hoja (f) de laurel	awrāq al ɣār (pl)	أوراق الغار
paprika (f)	babrika (f)	بابريكا
comino (m)	karāwiya (f)	كراوية
azafrán (m)	za'farān (m)	زعفران

LA INFORMACIÓN PERSONAL. LA FAMILIA

58. La información personal. Los formularios

nombre (m)	ism (m)	إسم
apellido (m)	ism al 'ā'ila (m)	إسم العائلة
fecha (f) de nacimiento	tarīx al mīlād (m)	تاريخ الميلاد
lugar (m) de nacimiento	makān al mīlād (m)	مكان الميلاد
nacionalidad (f)	ʒinsiyya (f)	جنسية
domicilio (m)	maqarr al iqāma (m)	مقر الإقامة
país (m)	balad (m)	بلد
profesión (f)	mihna (f)	مهنة
sexo (m)	ʒins (m)	جنس
estatura (f)	ṭūl (m)	طول
peso (m)	wazn (m)	وزن

59. Los familiares. Los parientes

madre (f)	umm (f)	أمّ
padre (m)	ab (m)	أب
hijo (m)	ibn (m)	إبن
hija (f)	ibna (f)	إبنة
hija (f) menor	al ibna aṣ ṣaɣīra (f)	الإبنة الصغيرة
hijo (m) menor	al ibn aṣ ṣaɣīr (m)	الابن الصغير
hija (f) mayor	al ibna al kabīra (f)	الإبنة الكبيرة
hijo (m) mayor	al ibn al kabīr (m)	الإبن الكبير
hermano (m)	aχ (m)	أخ
hermano (m) mayor	al aχ al kabīr (m)	الأخ الكبير
hermano (m) menor	al aχ aṣ ṣaɣīr (m)	الأخ الصغير
hermana (f)	uχt (f)	أخت
hermana (f) mayor	al uχt al kabīra (f)	الأخت الكبيرة
hermana (f) menor	al uχt aṣ ṣaɣīra (f)	الأخت الصغيرة
primo (m)	ibn 'amm (m), ibn χāl (m)	إبن عمّ، إبن خال
prima (f)	ibnat 'amm (f), ibnat χāl (f)	إبنة عمّ، إبنة خال
mamá (f)	mama (f)	ماما
papá (m)	baba (m)	بابا
padres (pl)	wālidān (du)	والدان
niño -a (m, f)	ṭifl (m)	طفل
niños (pl)	aṭfāl (pl)	أطفال
abuela (f)	ʒidda (f)	جدّة
abuelo (m)	ʒadd (m)	جدّ
nieto (m)	ḥafīd (m)	حفيد

nieta (f)	ḥafīda (f)	حفيدة
nietos (pl)	aḥfād (pl)	أحفاد
tío (m)	'amm (m), ҳāl (m)	عمّ، خال
tía (f)	'amma (f), ҳāla (f)	عمّة، خالة
sobrino (m)	ibn al aҳ (m), ibn al uҳt (m)	إبن الأخ، إبن الأخت
sobrina (f)	ibnat al aҳ (f), ibnat al uҳt (f)	إبنة الأخ، إبنة الأخت
suegra (f)	ḥamātt (f)	حماة
suegro (m)	ḥamm (m)	حم
yerno (m)	zawӡ al ibna (m)	زوج الأبنة
madrastra (f)	zawӡat al ab (f)	زوجة الأب
padrastro (m)	zawӡ al umm (m)	زوج الأمّ
niño (m) de pecho	ṭifl raḍī' (m)	طفل رضيع
bebé (m)	mawlūd (m)	مولود
chico (m)	walad ṣaүīr (m)	ولد صغير
mujer (f)	zawӡa (f)	زوجة
marido (m)	zawӡ (m)	زوج
esposo (m)	zawӡ (m)	زوج
esposa (f)	zawӡa (f)	زوجة
casado (adj)	mutazawwiӡ	متزوّج
casada (adj)	mutazawwiӡa	متزوّجة
soltero (adj)	a'zab	أعزب
soltero (m)	a'zab (m)	أعزب
divorciado (adj)	muṭallaq (m)	مطلّق
viuda (f)	armala (f)	أرملة
viudo (m)	armal (m)	أرمل
pariente (m)	qarīb (m)	قريب
pariente (m) cercano	nasīb qarīb (m)	نسيب قريب
pariente (m) lejano	nasīb ba'īd (m)	نسيب بعيد
parientes (pl)	aqārib (pl)	أقارب
huérfano (m), huérfana (f)	yatīm (m)	يتيم
tutor (m)	waliyy amr (m)	وليّ أمر
adoptar (un niño)	tabanna	تبنّى
adoptar (una niña)	tabanna	تبنّى

60. Los amigos. Los compañeros del trabajo

amigo (m)	ṣadīq (m)	صديق
amiga (f)	ṣadīqa (f)	صديقة
amistad (f)	ṣadāqa (f)	صداقة
ser amigo	ṣādaq	صادق
amigote (m)	ṣāḥib (m)	صاحب
amiguete (f)	ṣaḥiba (f)	صاحبة
compañero (m)	rafīq (m)	رفيق
jefe (m)	ra'īs (m)	رئيس
superior (m)	ra'īs (m)	رئيس
propietario (m)	ṣāḥib (m)	صاحب

| subordinado (m) | tābiʿ (m) | تابع |
| colega (m, f) | zamīl (m) | زميل |

conocido (m)	maʿruf (m)	معروف
compañero (m) de viaje	rafīq safar (m)	رفيق سفر
condiscípulo (m)	zamīl fiṣ ṣaff (m)	زميل في الصفّ

vecino (m)	ʒār (m)	جار
vecina (f)	ʒāra (f)	جارة
vecinos (pl)	ʒirān (pl)	جيران

EL CUERPO. LA MEDICINA

61. La cabeza

cabeza (f)	ra's (m)	رأس
cara (f)	waʒh (m)	وجه
nariz (f)	anf (m)	أنف
boca (f)	fam (m)	فم
ojo (m)	ʿayn (f)	عين
ojos (m pl)	ʿuyūn (pl)	عيون
pupila (f)	ḥadaqa (f)	حدقة
ceja (f)	ḥāʒib (m)	حاجب
pestaña (f)	rimʃ (m)	رمش
párpado (m)	ʒafn (m)	جفن
lengua (f)	lisān (m)	لسان
diente (m)	sinn (f)	سِن
labios (m pl)	ʃifāh (pl)	شفاه
pómulos (m pl)	ʿizām waʒhiyya (pl)	عظام وجهية
encía (f)	liθθa (f)	لِثة
paladar (m)	ḥanak (m)	حنك
ventanas (f pl)	minxarān (du)	منخران
mentón (m)	ðaqan (m)	ذقن
mandíbula (f)	fakk (m)	فكّ
mejilla (f)	xadd (m)	خدّ
frente (f)	ʒabha (f)	جبهة
sien (f)	ṣudɣ (m)	صدغ
oreja (f)	uðun (f)	أذن
nuca (f)	qafa (m)	قفا
cuello (m)	raqaba (f)	رقبة
garganta (f)	ḥalq (m)	حلق
pelo, cabello (m)	ʃaʿr (m)	شعر
peinado (m)	tasrīḥa (f)	تسريحة
corte (m) de pelo	tasrīḥa (f)	تسريحة
peluca (f)	barūka (f)	باروكة
bigote (m)	ʃawārib (pl)	شوارب
barba (f)	liḥya (f)	لحية
tener (~ la barba)	ʿindahu	عنده
trenza (f)	ḍifīra (f)	ضفيرة
patillas (f pl)	sawālif (pl)	سوالف
pelirrojo (adj)	aḥmar aʃ ʃaʿr	أحمر الشعر
gris, canoso (adj)	abyaḍ	أبيض
calvo (adj)	aṣlaʿ	أصلع
calva (f)	ṣalaʿ (m)	صلع

| cola (f) de caballo | ðayl ḥiṣān (m) | ذيل حصان |
| flequillo (m) | quṣṣa (f) | قصة |

62. El cuerpo

| mano (f) | yad (m) | يد |
| brazo (m) | ðirāʿ (f) | ذراع |

dedo (m)	iṣbaʿ (m)	إصبع
dedo (m) del pie	iṣbaʿ al qadam (m)	إصبع القدم
dedo (m) pulgar	ibhām (m)	إبهام
dedo (m) meñique	xunṣur (m)	خنصر
uña (f)	ẓufr (m)	ظفر

puño (m)	qabḍa (f)	قبضة
palma (f)	kaff (f)	كفّ
muñeca (f)	miʿṣam (m)	معصم
antebrazo (m)	sāʿid (m)	ساعد
codo (m)	mirfaq (m)	مرفق
hombro (m)	katf (f)	كتف

pierna (f)	riʒl (f)	رجل
planta (f)	qadam (f)	قدم
rodilla (f)	rukba (f)	ركبة
pantorrilla (f)	sammāna (f)	سمّانة
cadera (f)	faxð (f)	فخذ
talón (m)	ʿaqb (m)	عقب

cuerpo (m)	ʒism (m)	جسم
vientre (m)	baṭn (m)	بطن
pecho (m)	ṣadr (m)	صدر
seno (m)	θady (m)	ثدي
lado (m), costado (m)	ʒamb (m)	جنب
espalda (f)	ẓahr (m)	ظهر
zona (f) lumbar	asfal aẓ ẓahr (m)	أسفل الظهر
cintura (f), talle (m)	xaṣr (m)	خصر

ombligo (m)	surra (f)	سرّة
nalgas (f pl)	ardāf (pl)	أرداف
trasero (m)	dubr (m)	دبر

lunar (m)	ʃāma (f)	شامة
marca (f) de nacimiento	waḥma	وحمة
tatuaje (m)	waʃm (m)	وشم
cicatriz (f)	nadba (f)	ندبة

63. Las enfermedades

enfermedad (f)	maraḍ (m)	مرض
estar enfermo	maraḍ	مرض
salud (f)	ṣiḥḥa (f)	صحّة
resfriado (m) (coriza)	zukām (m)	زكام

angina (f)	iltihāb al lawzatayn (m)	التهاب اللوزتين
resfriado (m)	bard (m)	برد
resfriarse (vr)	aṣābahu al bard	أصابه البرد
bronquitis (f)	iltihāb al qaṣabāt (m)	إلتهاب القصبات
pulmonía (f)	iltihāb ar ri'atayn (m)	إلتهاب الرئتين
gripe (f)	inflūnza (f)	إنفلونزا
miope (adj)	qaṣīr an naẓar	قصير النظر
présbita (adj)	ba'īd an naẓar	بعيد النظر
estrabismo (m)	ḥawal	حول
estrábico (m) (adj)	aḥwal	أحول
catarata (f)	katarakt (f)	كاتاراكت
glaucoma (m)	glawkūma (f)	جلوكوما
insulto (m)	sakta (f)	سكتة
ataque (m) cardiaco	iḥtiʃā' (m)	إحتشاء
infarto (m) de miocardio	nawba qalbiya (f)	نوبة قلبية
parálisis (f)	ʃalal (m)	شلل
paralizar (vt)	ʃall	شلّ
alergia (f)	ḥassāsiyya (f)	حسّاسيّة
asma (f)	rabw (m)	ربو
diabetes (f)	ad dā' as sukkariy (m)	الداء السكّريّ
dolor (m) de muelas	alam al asnān (m)	ألم الأسنان
caries (f)	naxar al asnān (m)	نخر الأسنان
diarrea (f)	ishāl (m)	إسهال
estreñimiento (m)	imsāk (m)	إمساك
molestia (f) estomacal	'usr al haḍm (m)	عسر الهضم
envenenamiento (m)	tasammum (m)	تسمّم
envenenarse (vr)	tasammam	تسمّم
artritis (f)	iltihāb al mafāṣil (m)	إلتهاب المفاصل
raquitismo (m)	kusāḥ al aṭfāl (m)	كساح الأطفال
reumatismo (m)	riumatizm (m)	روماتزم
ateroesclerosis (f)	taṣṣallub aʃ ʃarayīn (m)	تصلّب الشرايين
gastritis (f)	iltihāb al ma'ida (m)	إلتهاب المعدة
apendicitis (f)	iltihāb az zā'ida ad dūdiyya (m)	إلتهاب الزائدة الدوديّة
colecistitis (f)	iltihāb al marāra (m)	إلتهاب المرارة
úlcera (f)	qurḥa (f)	قرحة
sarampión (m)	maraḍ al ḥaṣba (m)	مرض الحصبة
rubeola (f)	ḥaṣba almāniyya (f)	حصبة ألمانية
ictericia (f)	yaraqān (m)	يرقان
hepatitis (f)	iltihāb al kabd al vayrūsiy (m)	إلتهاب الكبد الفيروسيّ
esquizofrenia (f)	ʃizufrīniya (f)	شيزوفرينيا
rabia (f) (hidrofobia)	dā' al kalb (m)	داء الكلب
neurosis (f)	'iṣāb (m)	عصاب
conmoción (f) cerebral	irtiʒāʒ al muxx (m)	إرتجاج المخ
cáncer (m)	saraṭān (m)	سرطان
esclerosis (f)	taṣṣallub (m)	تصلّب

esclerosis (m) múltiple	taṣṣallub muta'addid (m)	تصلّب متعدد
alcoholismo (m)	idmān al ҳamr (m)	إدمان الخمر
alcohólico (m)	mudmin al ҳamr (m)	مدمن الخمر
sífilis (f)	sifilis az zuhariy (m)	سفلس الزهري
SIDA (m)	al aydz (m)	الايدز
tumor (m)	waram (m)	ورم
maligno (adj)	ҳabīθ	خبيث
benigno (adj)	ḥamīd (m)	حميد
fiebre (f)	ḥumma (f)	حمّى
malaria (f)	malāriya (f)	ملاريا
gangrena (f)	ɣanɣrīna (f)	غنغرينا
mareo (m)	duwār al baḥr (m)	دوار البحر
epilepsia (f)	maraḍ aṣ ṣar' (m)	مرض الصرع
epidemia (f)	wabā' (m)	وباء
tifus (m)	tīfus (m)	تيفوس
tuberculosis (f)	maraḍ as sull (m)	مرض السلّ
cólera (f)	kulīra (f)	كوليرا
peste (f)	ṭā'ūn (m)	طاعون

64. Los síntomas. Los tratamientos. Unidad 1

síntoma (m)	'araḍ (m)	عرض
temperatura (f)	ḥarāra (f)	حرارة
fiebre (f)	ḥumma (f)	حمّى
pulso (m)	nabḍ (m)	نبض
mareo (m) (vértigo)	dawҳa (f)	دوخة
caliente (adj)	ḥārr	حارّ
escalofrío (m)	nafaḍān (m)	نفضان
pálido (adj)	aṣfar	أصفر
tos (f)	su'āl (m)	سعال
toser (vi)	sa'al	سعل
estornudar (vi)	'aṭas	عطس
desmayo (m)	iɣmā' (m)	إغماء
desmayarse (vr)	ɣumiya 'alayh	غمي عليه
moradura (f)	kadma (f)	كدمة
chichón (m)	tawarrum (m)	تورّم
golpearse (vr)	iṣṭadam	إصطدم
magulladura (f)	raḍḍ (m)	رضّ
magullarse (vr)	taraḍḍaḍ	ترضّض
cojear (vi)	'araʒ	عرج
dislocación (f)	ҳal' (m)	خلع
dislocar (vt)	ҳala'	خلع
fractura (f)	kasr (m)	كسر
tener una fractura	inkasar	إنكسر
corte (m) (tajo)	ʒurḥ (m)	جرح
cortarse (vr)	ʒaraḥ nafsah	جرح نفسه

hemorragia (f)	nazf (m)	نزف
quemadura (f)	ḥarq (m)	حرق
quemarse (vr)	taʃayyat	تشيّط
pincharse (~ el dedo)	waxaz	وخز
pincharse (vr)	waxaz nafsah	وخز نفسه
herir (vt)	aṣāb	أصاب
herida (f)	iṣāba (f)	إصابة
lesión (f) (herida)	ʒurḥ (m)	جرح
trauma (m)	ṣadma (f)	صدمة
delirar (vi)	haða	هذى
tartamudear (vi)	tala'sam	تلعثم
insolación (f)	ḍarbat ʃams (f)	ضربة شمس

65. Los síntomas. Los tratamientos. Unidad 2

dolor (m)	alam (m)	ألم
astilla (f)	ʃaʒiyya (f)	شظيّة
sudor (m)	'irq (m)	عرق
sudar (vi)	'ariq	عرق
vómito (m)	taqayyu' (m)	تقيؤ
convulsiones (f pl)	taʃannuʒāt (pl)	تشنّجات
embarazada (adj)	ḥāmil	حامل
nacer (vi)	wulid	وُلد
parto (m)	wilāda (f)	ولادة
dar a luz	walad	والد
aborto (m)	iʒhāḍ (m)	إجهاض
respiración (f)	tanaffus (m)	تنفّس
inspiración (f)	istinʃāq (m)	إستنشاق
espiración (f)	zafīr (m)	زفير
espirar (vi)	zafar	زفر
inspirar (vi)	istanʃaq	إستنشق
inválido (m)	mu'āq (m)	معاق
mutilado (m)	muq'ad (m)	مقعد
drogadicto (m)	mudmin muxaddirāt (m)	مدمن مخدّرات
sordo (adj)	aṭraʃ	أطرش
mudo (adj)	axras	أخرس
sordomudo (adj)	aṭraʃ axras	أطرش أخرس
loco (adj)	maʒnūn	مجنون
loco (m)	maʒnūn (m)	مجنون
loca (f)	maʒnūna (f)	مجنونة
volverse loco	ʒunn	جُنّ
gen (m)	ʒīn (m)	جين
inmunidad (f)	manā'a (f)	مناعة
hereditario (adj)	wirāθiy	وراثيّ
de nacimiento (adj)	xilqiy munð al wilāda	خلقيّ منذ الولادة

virus (m)	virūs (m)	فيروس
microbio (m)	mikrūb (m)	ميكروب
bacteria (f)	ʒurθūma (f)	جرثومة
infección (f)	ʻadwa (f)	عدوى

66. Los síntomas. Los tratamientos. Unidad 3

hospital (m)	mustaʃfa (m)	مستشفى
paciente (m)	marīḍ (m)	مريض
diagnosis (f)	taʃxīṣ (m)	تشخيص
cura (f)	ʻilāʒ (m)	علاج
tratamiento (m)	ʻilāʒ (m)	علاج
curarse (vr)	taʻālaʒ	تعالج
tratar (vt)	ʻālaʒ	عالج
cuidar (a un enfermo)	marraḍ	مرّض
cuidados (m pl)	ʻināya (f)	عناية
operación (f)	ʻamaliyya ʒarahiyya (f)	عمليّة جرحيّة
vendar (vt)	ḍammad	ضمّد
vendaje (m)	taḍmīd (m)	تضميد
vacunación (f)	talqīḥ (m)	تلقيح
vacunar (vt)	laqqaḥ	لقّح
inyección (f)	ḥuqna (f)	حقنة
aplicar una inyección	ḥaqan ibra	حقن إبرة
ataque (m)	nawba (f)	نوبة
amputación (f)	batr (m)	بتر
amputar (vt)	batar	بتر
coma (m)	ɣaybūba (f)	غيبوبة
estar en coma	kān fi ḥālat ɣaybūba	كان في حالة غيبوبة
revitalización (f)	al ʻināya al murakkaza (f)	العناية المركّزة
recuperarse (vr)	ʃufiy	شفي
estado (m) (de salud)	ḥāla (f)	حالة
consciencia (f)	waʻy (m)	وعي
memoria (f)	ðākira (f)	ذاكرة
extraer (un diente)	xalaʻ	خلع
empaste (m)	ḥaʃw (m)	حشو
empastar (vt)	ḥaʃa	حشا
hipnosis (f)	at tanwīm al maɣnaṭīsiy (m)	التنويم المغناطيسيّ
hipnotizar (vt)	nawwam	نوّم

67. La medicina. Las drogas. Los accesorios

medicamento (m), droga (f)	dawāʼ (m)	دواء
remedio (m)	ʻilāʒ (m)	علاج
prescribir (vt)	waṣaf	وصف
receta (f)	waṣfa (f)	وصفة

tableta (f)	qurṣ (m)	قرص
ungüento (m)	marham (m)	مرهم
ampolla (f)	ambūla (f)	أمبولة
mixtura (f), mezcla (f)	dawā' ʃarāb (m)	دواء شراب
sirope (m)	ʃarāb (m)	شراب
píldora (f)	ḥabba (f)	حبّة
polvo (m)	ðarūr (m)	ذرور
venda (f)	ḍammāda (f)	ضمادة
algodón (m) (discos de ~)	quṭn (m)	قطن
yodo (m)	yūd (m)	يود
tirita (f), curita (f)	blāstir (m)	بلاستر
pipeta (f)	māṣṣat al bastara (f)	ماصّة البسترة
termómetro (m)	tirmūmitr (m)	ترمومتر
jeringa (f)	miḥqana (f)	محقنة
silla (f) de ruedas	kursiy mutaḥarrik (m)	كرسي متحرّك
muletas (f pl)	'ukkāzān (du)	عكّازان
anestésico (m)	musakkin (m)	مسكّن
purgante (m)	mulayyin (m)	ملين
alcohol (m)	iθanūl (m)	إيثانول
hierba (f) medicinal	a'ʃāb ṭibbiyya (pl)	أعشاب طبية
de hierbas (té ~)	'uʃbiy	عشبي

EL APARTAMENTO

68. El apartamento

apartamento (m)	ʃaqqa (f)	شَقَّة
habitación (f)	ɣurfa (f)	غرفة
dormitorio (m)	ɣurfat an nawm (f)	غرفة النوم
comedor (m)	ɣurfat il akl (f)	غرفة الأكل
salón (m)	ṣālat al istiqbāl (f)	صالة الإستقبال
despacho (m)	maktab (m)	مكتب
antecámara (f)	madχal (m)	مدخل
cuarto (m) de baño	ḥammām (m)	حمّام
servicio (m)	ḥammām (m)	حمّام
techo (m)	saqf (m)	سقف
suelo (m)	arḍ (f)	أرض
rincón (m)	zāwiya (f)	زاوية

69. Los muebles. El interior

muebles (m pl)	aθāθ (m)	أثاث
mesa (f)	maktab (m)	مكتب
silla (f)	kursiy (m)	كرسيّ
cama (f)	sarīr (m)	سرير
sofá (m)	kanaba (f)	كنبة
sillón (m)	kursiy (m)	كرسيّ
librería (f)	χizānat kutub (f)	خزانة كتب
estante (m)	raff (m)	رفّ
armario (m)	dūlāb (m)	دولاب
percha (f)	ʃammāʿa (f)	شمّاعة
perchero (m) de pie	ʃammāʿa (f)	شمّاعة
cómoda (f)	dulāb adrāʒ (m)	دولاب أدراج
mesa (f) de café	ṭāwilat al qahwa (f)	طاولة القهوة
espejo (m)	mir'āt (f)	مرآة
tapiz (m)	siʒāda (f)	سجادة
alfombra (f)	siʒāda (f)	سجادة
chimenea (f)	midfa'a ḥā'iṭiyya (f)	مدفأة حائطيّة
vela (f)	ʃam'a (f)	شمعة
candelero (m)	ʃam'adān (m)	شمعدان
cortinas (f pl)	satā'ir (pl)	ستائر
empapelado (m)	waraq ḥīṭān (m)	ورق حيطان

estor (m) de láminas	haṣīrat ʃubbāk (f)	حصيرة شبّاك
lámpara (f) de mesa	miṣbāḥ aṭ ṭāwila (m)	مصباح الطاولة
aplique (m)	miṣbāḥ al ḥā'iṭ (f)	مصباح الحائط
lámpara (f) de pie	miṣbāḥ arḍiy (m)	مصباح أرضيّ
lámpara (f) de araña	naʒafa (f)	نجفة
pata (f) (~ de la mesa)	riʒl (f)	رجل
brazo (m)	masnad (m)	مسند
espaldar (m)	masnad (m)	مسند
cajón (m)	durʒ (m)	درج

70. Los accesorios de cama

ropa (f) de cama	bayāḍāt as sarīr (pl)	بياضات السرير
almohada (f)	wisāda (f)	وسادة
funda (f)	kīs al wisāda (m)	كيس الوسادة
manta (f)	baṭṭāniyya (f)	بطّانية
sábana (f)	milāya (f)	ملاية
sobrecama (f)	ɣiṭā' as sarīr (m)	غطاء السرير

71. La cocina

cocina (f)	maṭbaχ (m)	مطبخ
gas (m)	ɣāz (m)	غاز
cocina (f) de gas	butuɣāz (m)	بوتوغاز
cocina (f) eléctrica	furn kaharabā'iy (m)	فرن كهربائيّ
horno (m)	furn (m)	فرن
horno (m) microondas	furn al mikruwayv (m)	فرن الميكروويف
frigorífico (m)	θallāʒa (f)	ثلاجة
congelador (m)	frīzir (m)	فريزير
lavavajillas (m)	ɣassāla (f)	غسّالة
picadora (f) de carne	farrāmat laḥm (f)	فرّامة لحم
exprimidor (m)	'aṣṣāra (f)	عصّارة
tostador (m)	maḥmaṣat χubz (f)	محمصة خبز
batidora (f)	χallāṭ (m)	خلّاط
cafetera (f) (aparato de cocina)	mākinat ṣan' al qahwa (f)	ماكينة صنع القهوة
cafetera (f) (para servir)	kanaka (f)	كنكة
molinillo (m) de café	maṭhanat qahwa (f)	مطحنة قهوة
hervidor (m) de agua	barrād (m)	برّاد
tetera (f)	barrād aʃ ʃāy (m)	برّاد الشاي
tapa (f)	ɣiṭā' (m)	غطاء
colador (m) de té	miṣfāt (f)	مصفاة
cuchara (f)	mil'aqa (f)	ملعقة
cucharilla (f)	mil'aqat ʃāy (f)	ملعقة شاي
cuchara (f) de sopa	mil'aqa kabīra (f)	ملعقة كبيرة
tenedor (m)	ʃawka (f)	شوكة

cuchillo (m)	sikkīn (m)	سكّين
vajilla (f)	ṣuḥūn (pl)	صحون
plato (m)	ṭabaq (m)	طبق
platillo (m)	ṭabaq finǧān (m)	طبق فنجان
vaso (m) de chupito	ka's (f)	كأس
vaso (m) (~ de agua)	kubbāya (f)	كبّاية
taza (f)	finǧān (m)	فنجان
azucarera (f)	sukkariyya (f)	سكّرية
salero (m)	mamlaḥa (f)	مملحة
pimentero (m)	mabhara (f)	مبهرة
mantequera (f)	ṣuḥn zubda (m)	صحن زبدة
cacerola (f)	kassirūlla (f)	كاسرولة
sartén (f)	ṭāsa (f)	طاسة
cucharón (m)	miɣrafa (f)	مغرفة
colador (m)	miṣfāt (f)	مصفاة
bandeja (f)	ṣīniyya (f)	صينية
botella (f)	zuǧāǧa (f)	زجاجة
tarro (m) de vidrio	barṭamān (m)	برطمان
lata (f)	tanaka (f)	تنكة
abrebotellas (m)	fattāḥa (f)	فتّاحة
abrelatas (m)	fattāḥa (f)	فتّاحة
sacacorchos (m)	barrīma (f)	برّيمة
filtro (m)	filtir (m)	فلتر
filtrar (vt)	ṣaffa	صفّى
basura (f)	zubāla (f)	زبالة
cubo (m) de basura	ṣundūq az zubāla (m)	صندوق الزبالة

72. El baño

cuarto (m) de baño	ḥammām (m)	حمّام
agua (f)	mā' (m)	ماء
grifo (m)	ḥanafiyya (f)	حنفيّة
agua (f) caliente	mā' sāɣin (m)	ماء ساخن
agua (f) fría	mā' bārid (m)	ماء بارد
pasta (f) de dientes	ma'ǧūn asnān (m)	معجون أسنان
limpiarse los dientes	naẓẓaf al asnān	نظّف الأسنان
cepillo (m) de dientes	furʃat asnān (f)	فرشة أسنان
afeitarse (vr)	ḥalaq	حلق
espuma (f) de afeitar	raɣwa lil ḥilāqa (f)	رغوة للحلاقة
maquinilla (f) de afeitar	mūs ḥilāqa (m)	موس حلاقة
lavar (vt)	ɣasal	غسل
darse un baño	istaḥamm	إستحمّ
ducha (f)	dūʃ (m)	دوش
darse una ducha	aɣað ad duʃ	أخذ الدش
bañera (f)	ḥawḍ istiḥmām (m)	حوض استحمام

inodoro (m)	mirḥāḍ (m)	مرحاض
lavabo (m)	ḥawḍ (m)	حوض
jabón (m)	ṣābūn (m)	صابون
jabonera (f)	ṣabbāna (f)	صبّانة
esponja (f)	līfa (f)	ليفة
champú (m)	ʃāmbū (m)	شامبو
toalla (f)	fūṭa (f)	فوطة
bata (f) de baño	θawb ḥammām (m)	ثوب حمّام
colada (f), lavado (m)	ɣasīl (m)	غسيل
lavadora (f)	ɣassāla (f)	غسّالة
lavar la ropa	ɣasal al malābis	غسل الملابس
detergente (m) en polvo	masḥūq ɣasīl (m)	مسحوق غسيل

73. Los aparatos domésticos

televisor (m)	tilivizyūn (m)	تليفزيون
magnetófono (m)	ʒihāz tasʒīl (m)	جهاز تسجيل
vídeo (m)	ʒihāz tasʒīl vidiyu (m)	جهاز تسجيل فيديو
radio (m)	ʒihāz radiyu (m)	جهاز راديو
reproductor (m) (~ MP3)	blayir (m)	بليير
proyector (m) de vídeo	ʿāriḍ vidiyu (m)	عارض فيديو
sistema (m) home cinema	sinima manziliyya (f)	سينما منزلیّة
reproductor (m) de DVD	di vi di (m)	دي في دي
amplificador (m)	mukabbir aṣ ṣawt (m)	مكبّر الصوت
videoconsola (f)	ʾatāri (m)	أتاري
cámara (f) de vídeo	kamira vidiyu (f)	كاميرا فيديو
cámara (f) fotográfica	kamira (f)	كاميرا
cámara (f) digital	kamira diʒital (f)	كاميرا ديجيتال
aspirador (m), aspiradora (f)	miknasa kahrabāʾiyya (f)	مكنسة كهربائیّة
plancha (f)	makwāt (f)	مكواة
tabla (f) de planchar	lawḥat kayy (f)	لوحة كيّ
teléfono (m)	hātif (m)	هاتف
teléfono (m) móvil	hātif maḥmūl (m)	هاتف محمول
máquina (f) de escribir	ʾāla katiba (f)	آلة كاتبة
máquina (f) de coser	ʾālat al xiyāṭa (f)	آلة الخياطة
micrófono (m)	mikrufūn (m)	ميكروفون
auriculares (m pl)	sammāʿāt raʾsiya (pl)	سمّاعات رأسیّة
mando (m) a distancia	rimuwt kuntrūl (m)	ريموت كنترول
CD (m)	si di (m)	سي دي
casete (m)	ʃarīṭ (m)	شريط
disco (m) de vinilo	usṭuwāna (f)	أسطوانة

LA TIERRA. EL TIEMPO

74. El espacio

cosmos (m)	faḍā' (m)	فضاء
espacial, cósmico (adj)	faḍā'iy	فضائيّ
espacio (m) cósmico	faḍā' (m)	فضاء
mundo (m)	'ālam (m)	عالم
universo (m)	al kawn (m)	الكون
galaxia (f)	al maʒarra (f)	المجرّة
estrella (f)	naʒm (m)	نجم
constelación (f)	burʒ (m)	برج
planeta (m)	kawkab (m)	كوكب
satélite (m)	qamar ṣinā'iy (m)	قمر صناعيّ
meteorito (m)	ḥaʒar nayzakiy (m)	حجر نيزكيّ
cometa (m)	muðannab (m)	مذنّب
asteroide (m)	kuwaykib (m)	كويكب
órbita (f)	madār (m)	مدار
girar (vi)	dār	دار
atmósfera (f)	al ɣilāf al ʒawwiy (m)	الغلاف الجوّيّ
Sol (m)	aʃ ʃams (f)	الشمس
sistema (m) solar	al maʒmū'a aʃ ʃamsiyya (f)	المجموعة الشمسيّة
eclipse (m) de Sol	kusūf aʃ ʃams (m)	كسوف الشمس
Tierra (f)	al arḍ (f)	الأرض
Luna (f)	al qamar (m)	القمر
Marte (m)	al mirrīχ (m)	المرّيخ
Venus (f)	az zahra (f)	الزهرة
Júpiter (m)	al muʃtari (m)	المشتري
Saturno (m)	zuḥal (m)	زحل
Mercurio (m)	'aṭārid (m)	عطارد
Urano (m)	urānus (m)	اورانوس
Neptuno (m)	nibtūn (m)	نبتون
Plutón (m)	blūtu (m)	بلوتو
la Vía Láctea	darb at tabbāna (m)	درب التبّانة
la Osa Mayor	ad dubb al akbar (m)	الدبّ الأكبر
la Estrella Polar	naʒm al 'quṭb (m)	نجم القطب
marciano (m)	sākin al mirrīχ (m)	ساكن المرّيخ
extraterrestre (m)	faḍā'iy (m)	فضائيّ
planetícola (m)	faḍā'iy (m)	فضائيّ
platillo (m) volante	ṭabaq ṭā'ir (m)	طبق طائر
nave (f) espacial	markaba faḍā'iyya (f)	مركبة فضائيّة

| estación (f) orbital | maḥaṭṭat faḍā' (f) | محطّة فضاء |
| despegue (m) | intilāq (m) | إنطلاق |

motor (m)	mutūr (m)	موتور
tobera (f)	manfaθ (m)	منفث
combustible (m)	wuqūd (m)	وقود

carlinga (f)	kabīna (f)	كابينة
antena (f)	hawā'iy (m)	هوائيّ
ventana (f)	kuwwa mustadīra (f)	كوّة مستديرة
batería (f) solar	lawḥ ʃamsiy (m)	لوح شمسيّ
escafandra (f)	baðlat al faḍā' (f)	بذلة الفضاء

ingravidez (f)	in'idām al wazn (m)	إنعدام الوزن
oxígeno (m)	uksiʒīn (m)	أكسجين
atraque (m)	rasw (m)	رسو
realizar el atraque	rasa	رسا

observatorio (m)	marṣad (m)	مرصد
telescopio (m)	tiliskūp (m)	تلسكوب
observar (vt)	rāqab	راقب
explorar (~ el universo)	istakʃaf	إستكشف

75. La tierra

Tierra (f)	al arḍ (f)	الأرض
globo (m) terrestre	al kura al arḍiyya (f)	الكرة الأرضيّة
planeta (m)	kawkab (m)	كوكب

atmósfera (f)	al ɣilāf al ʒawwiy (m)	الغلاف الجوّيّ
geografía (f)	ʒuɣrāfiya (f)	جغرافيا
naturaleza (f)	ṭabī'a (f)	طبيعة
globo (m) terráqueo	namūðaʒ lil kura al arḍiyya (m)	نموذج للكرة الأرضيّة
mapa (m)	xarīṭa (f)	خريطة
atlas (m)	aṭlas (m)	أطلس

Europa (f)	urūbba (f)	أوروبا
Asia (f)	'āsiya (f)	آسيا
África (f)	afrīqiya (f)	أفريقيا
Australia (f)	usturāliya (f)	أستراليا

América (f)	amrīka (f)	أمريكا
América (f) del Norte	amrīka aʃ ʃimāliyya (f)	أمريكا الشماليّة
América (f) del Sur	amrīka al ʒanūbiyya (f)	أمريكا الجنوبيّة

| Antártida (f) | al quṭb al ʒanūbiy (m) | القطب الجنوبيّ |
| Ártico (m) | al quṭb aʃ ʃimāliy (m) | القطب الشماليّ |

76. Los puntos cardinales

| norte (m) | ʃimāl (m) | شمال |
| al norte | ilaʃ ʃimāl | إلى الشمال |

en el norte	fiʃ ʃimāl	في الشمال
del norte (adj)	ʃimāliy	شَماليّ
sur (m)	ʒanūb (m)	جنوب
al sur	ilal ʒanūb	إلى الجنوب
en el sur	fil ʒanūb	في الجنوب
del sur (adj)	ʒanūbiy	جنوبيّ
oeste (m)	ɣɑrb (m)	غرب
al oeste	ilal ɣarb	إلى الغرب
en el oeste	fil ɣarb	في الغرب
del oeste (adj)	ɣarbiy	غربيّ
este (m)	ʃarq (m)	شرق
al este	ilaʃ ʃarq	إلى الشرق
en el este	fiʃ ʃarq	في الشرق
del este (adj)	ʃarqiy	شرقيّ

77. El mar. El océano

mar (m)	baḥr (m)	بحر
océano (m)	muḥīṭ (m)	محيط
golfo (m)	xalīʒ (m)	خليج
estrecho (m)	maḍīq (m)	مضيق
tierra (f) firme	barr (m)	برّ
continente (m)	qārra (f)	قارّة
isla (f)	ʒazīra (f)	جزيرة
península (f)	ʃibh ʒazīra (f)	شبه جزيرة
archipiélago (m)	maʒmūʿat ʒuzur (f)	مجموعة جزر
bahía (f)	xalīʒ (m)	خليج
ensenada, bahía (f)	mīnā' (m)	ميناء
laguna (f)	buḥayra ʃāṭi'a (f)	بحيرة شاطئة
cabo (m)	ra's (m)	رأس
atolón (m)	ʒazīra marʒāniyya istiwā'iyya (f)	جزيرة مرجانيّة إستوائيّة
arrecife (m)	ʃiʿāb (pl)	شعاب
coral (m)	murʒān (m)	مرجان
arrecife (m) de coral	ʃiʿāb marʒāniyya (pl)	شعاب مرجانيّة
profundo (adj)	ʿamīq	عميق
profundidad (f)	ʿumq (m)	عمق
abismo (m)	mahwāt (f)	مهواة
fosa (f) oceánica	xandaq (m)	خندق
corriente (f)	tayyār (m)	تيّار
bañar (rodear)	aḥāṭ	أحاط
orilla (f)	sāḥil (m)	ساحل
costa (f)	sāḥil (m)	ساحل
flujo (m)	madd (m)	مدّ
reflujo (m)	ʒazr (m)	جزر

banco (m) de arena	miyāh ḍaḥla (f)	مياه ضحلة
fondo (m)	qāʻ (m)	قاع
ola (f)	mawʒa (f)	موجة
cresta (f) de la ola	qimmat mawʒa (f)	قمّة موجة
espuma (f)	zabad al baḥr (m)	زبد البحر
tempestad (f)	ʻāṣifa (f)	عاصفة
huracán (m)	iʻṣār (m)	إعصار
tsunami (m)	tsunāmi (m)	تسونامي
bonanza (f)	hudūʼ (m)	هدوء
calmo, tranquilo	hādiʼ	هادئ
polo (m)	quṭb (m)	قطب
polar (adj)	quṭby	قطبيّ
latitud (f)	ʻarḍ (m)	عرض
longitud (f)	ṭūl (m)	طول
paralelo (m)	mutawāzi (m)	متواز
ecuador (m)	χaṭṭ al istiwāʼ (m)	خط الإستواء
cielo (m)	samāʼ (f)	سماء
horizonte (m)	ufuq (m)	أفق
aire (m)	hawāʼ (m)	هواء
faro (m)	manāra (f)	منارة
bucear (vi)	ɣāṣ	غاص
hundirse (vr)	ɣariq	غرق
tesoros (m pl)	kunūz (pl)	كنوز

78. Los nombres de los mares y los océanos

océano (m) Atlántico	al muḥīṭ al aṭlasiy (m)	المحيط الأطلسيّ
océano (m) Índico	al muḥīṭ al hindiy (m)	المحيط الهنديّ
océano (m) Pacífico	al muḥīṭ al hādiʼ (m)	المحيط الهادئ
océano (m) Glacial Ártico	al muḥīṭ il mutaʒammid aʃ ʃimāliy (m)	المحيط المتجمّد الشماليّ
mar (m) Negro	al baḥr al aswad (m)	البحر الأسود
mar (m) Rojo	al baḥr al aḥmar (m)	البحر الأحمر
mar (m) Amarillo	al baḥr al aṣfar (m)	البحر الأصفر
mar (m) Blanco	al baḥr al abyaḍ (m)	البحر الأبيض
mar (m) Caspio	baḥr qazwīn (m)	بحر قزوين
mar (m) Muerto	al baḥr al mayyit (m)	البحر الميّت
mar (m) Mediterráneo	al baḥr al abyaḍ al mutawassiṭ (m)	البحر الأبيض المتوسّط
mar (m) Egeo	baḥr īʒah (m)	بحر إيجة
mar (m) Adriático	al baḥr al adriyatīkiy (m)	البحر الأدرياتيكيّ
mar (m) Arábigo	baḥr al ʻarab (m)	بحر العرب
mar (m) del Japón	baḥr al yabān (m)	بحر اليابان
mar (m) de Bering	baḥr birinʒ (m)	بحر بيرينغ

mar (m) de la China Meridional	baḥr aṣ ṣīn al ʒanūbiy (m)	بحر الصين الجنوبيَّ
mar (m) del Coral	baḥr al marʒān (m)	بحر المرجان
mar (m) de Tasmania	baḥr tasmān (m)	بحر تسمان
mar (m) Caribe	al baḥr al karībiy (m)	البحر الكاريبيَّ
mar (m) de Barents	baḥr barints (m)	بحر بارينس
mar (m) de Kara	baḥr kara (m)	بحر كارا
mar (m) del Norte	baḥr aʃ ʃimāl (m)	بحر الشمال
mar (m) Báltico	al baḥr al balṭīq (m)	البحر البلطيق
mar (m) de Noruega	baḥr an narwīʒ (m)	بحر النرويج

79. Las montañas

montaña (f)	ʒabal (m)	جبل
cadena (f) de montañas	silsilat ʒibāl (f)	سلسلة جبال
cresta (f) de montañas	qimam ʒabaliyya (pl)	قمم جبليَّة
cima (f)	qimma (f)	قمَّة
pico (m)	qimma (f)	قمَّة
pie (m)	asfal (m)	أسفل
cuesta (f)	munḥadar (m)	منحدر
volcán (m)	burkān (m)	بركان
volcán (m) activo	burkān naʃiṭ (m)	بركان نشط
volcán (m) apagado	burkān χāmid (m)	بركان خامد
erupción (f)	θawrān (m)	ثوران
cráter (m)	fūhat al burkān (f)	فوهة البركان
magma (m)	māɣma (f)	ماغما
lava (f)	ḥumam burkāniyya (pl)	حمم بركانيَّة
fundido (lava ~a)	munṣahira	منصهرة
cañón (m)	talʿa (m)	تلعة
desfiladero (m)	wādi ḍayyiq (m)	وادٍ ضيِّق
grieta (f)	ʃaqq (m)	شقَّ
precipicio (m)	hāwiya (f)	هاوية
puerto (m) (paso)	mamarr ʒabaliy (m)	ممرّ جبليَّ
meseta (f)	haḍba (f)	هضبة
roca (f)	ʒurf (m)	جرف
colina (f)	tall (m)	تلَّ
glaciar (m)	nahr ʒalīdiy (m)	نهر جليديَّ
cascada (f)	ʃallāl (m)	شلّال
geiser (m)	fawwāra ḥārra (m)	فوَّارة حارَّة
lago (m)	buḥayra (f)	بحيرة
llanura (f)	sahl (m)	سهل
paisaje (m)	manẓar ṭabīʿiy (m)	منظر طبيعيَّ
eco (m)	ṣada (m)	صدى
alpinista (m)	mutasalliq al ʒibāl (m)	متسلِّق الجبال
escalador (m)	mutasalliq ṣuχūr (m)	متسلِّق صخور

| conquistar (vt) | taɣallab ʿala | تغلّب على |
| ascensión (f) | tasalluq (m) | تسلّق |

80. Los nombres de las montañas

Alpes (m pl)	ʒibāl al alb (pl)	جبال الألب
Montblanc (m)	mūn blūn (m)	مون بلون
Pirineos (m pl)	ʒibāl al barānis (pl)	جبال البرانس
Cárpatos (m pl)	ʒibāl al karbāt (pl)	جبال الكاربات
Urales (m pl)	ʒibāl al ʾūrāl (pl)	جبال الأورال
Cáucaso (m)	ʒibāl al qawqāz (pl)	جبال القوقاز
Elbrus (m)	ʒabal ilbrūs (m)	جبل الإبروس
Altai (m)	ʒibāl altāy (pl)	جبال ألتاي
Tian-Shan (m)	ʒibāl tian ʃan (pl)	جبال تيان شان
Pamir (m)	ʒibāl bamīr (pl)	جبال بامير
Himalayos (m pl)	himalāya (pl)	هيمالايا
Everest (m)	ʒabal ivirist (m)	جبل افرست
Andes (m pl)	ʒibāl al andīz (pl)	جبال الأنديز
Kilimanjaro (m)	ʒabal kilimanʒāru (m)	جبل كليمنجارو

81. Los ríos

río (m)	nahr (m)	نهر
manantial (m)	ʿayn (m)	عين
lecho (m) (curso de agua)	maʒra an nahr (m)	مجرى النهر
cuenca (f) fluvial	ḥawḍ (m)	حوض
desembocar en ...	ṣabb fi ...	صبّ في...
afluente (m)	rāfid (m)	رافد
ribera (f)	ḍiffa (f)	ضفة
corriente (f)	tayyār (m)	تيّار
río abajo (adv)	f ittiʒāh maʒra an nahr	في إتجاه مجرى النهر
río arriba (adv)	ḍidd at tayyār	ضد التيّار
inundación (f)	ɣamr (m)	غمر
riada (f)	fayaḍān (m)	فيضان
desbordarse (vr)	fāḍ	فاض
inundar (vt)	ɣamar	غمر
bajo (m) arenoso	miyāh ḍaḥla (f)	مياه ضحلة
rápido (m)	munḥadar an nahr (m)	منحدر النهر
presa (f)	sadd (m)	سدّ
canal (m)	qanāt (f)	قناة
lago (m) artificiale	xazzān māʾiy (m)	خزّان مائيّ
esclusa (f)	hawīs (m)	هويس
cuerpo (m) de agua	masṭaḥ māʾiy (m)	مسطح مائيّ
pantano (m)	mustanqaʿ (m)	مستنقع

ciénaga (f)	mustanqaʿ (m)	مستنقع
remolino (m)	dawwāma (f)	دوّامة
arroyo (m)	ӡadwal māʾiy (m)	جدول مائيّ
potable (adj)	aʃ ʃurb	الشرب
dulce (agua ~)	ʿaðb	عذب
hielo (m)	ӡalīd (m)	جليد
helarse (el lago, etc.)	taӡammad	تجمّد

82. Los nombres de los ríos

Sena (m)	nahr as sīn (m)	نهر السين
Loira (m)	nahr al lua:r (m)	نهر اللوار
Támesis (m)	nahr at tīmz (m)	نهر التيمز
Rin (m)	nahr ar rayn (m)	نهر الراين
Danubio (m)	nahr ad danūb (m)	نهر الدانوب
Volga (m)	nahr al vulɣa (m)	نهر الفولغا
Don (m)	nahr ad dūn (m)	نهر الدون
Lena (m)	nahr līna (m)	نهر لينا
Río (m) Amarillo	an nahr al aṣfar (m)	النهر الأصفر
Río (m) Azul	nahr al yanɣtsi (m)	نهر اليانغتسي
Mekong (m)	nahr al mikunɣ (m)	نهر الميكونغ
Ganges (m)	nahr al ɣānӡ (m)	نهر الغانج
Nilo (m)	nahr an nīl (m)	نهر النيل
Congo (m)	nahr al kunɣu (m)	نهر الكونغو
Okavango (m)	nahr ukavanӡu (m)	نهر اوكافانجو
Zambeze (m)	nahr az zambizi (m)	نهر الزمبيزي
Limpopo (m)	nahr limbubu (m)	نهر ليمبوبو
Misisipi (m)	nahr al mississibbi (m)	نهر الميسيسيبي

83. El bosque

bosque (m)	ɣāba (f)	غابة
de bosque (adj)	ɣāba	غابة
espesura (f)	ɣāba kaθīfa (f)	غابة كثيفة
bosquecillo (m)	ɣāba ṣaɣīra (f)	غابة صغيرة
claro (m)	minṭaqa uzīlat minha al aʃӡār (f)	منطقة أزيلت منها الأشجار
maleza (f)	aӡama (f)	أجمة
matorral (m)	ʃuӡayrāt (pl)	شجيرات
senda (f)	mamarr (m)	ممرّ
barranco (m)	wādi ḍayyiq (m)	واد ضيّق
árbol (m)	ʃaӡara (f)	شجرة
hoja (f)	waraqa (f)	ورقة

follaje (m)	waraq (m)	ورق
caída (f) de hojas	tasāquṭ al awrāq (m)	تساقط الأوراق
caer (las hojas)	saqaṭ	سقط
cima (f)	ra's (m)	رأس
rama (f)	ɣuṣn (m)	غصن
rama (f) (gruesa)	ɣuṣn (m)	غصن
brote (m)	burʻum (m)	برعم
aguja (f)	ʃawka (f)	شوكة
piña (f)	kūz aṣ ṣanawbar (m)	كوز الصنوبر
agujero (m)	ʒawf (m)	جوف
nido (m)	ʻuʃʃ (m)	عش
tronco (m)	ʒiðʻ (m)	جذع
raíz (f)	ʒiðr (m)	جذر
corteza (f)	liḥāʾ (m)	لحاء
musgo (m)	ṭuḥlub (m)	طحلب
extirpar (vt)	iqtalaʻ	إقتلع
talar (vt)	qaṭaʻ	قطع
deforestar (vt)	azāl al ɣābāt	أزال الغابات
tocón (m)	ʒiðʻ aʃ ʃaʒara (m)	جذع الشجرة
hoguera (f)	nār muxayyam (m)	نار مخيَّم
incendio (m) forestal	ḥarīq ɣāba (m)	حريق غابة
apagar (~ el incendio)	aṭfaʾ	أطفأ
guarda (m) forestal	ḥāris al ɣāba (m)	حارس الغابة
protección (f)	ḥimāya (f)	حماية
proteger (vt)	ḥama	حمى
cazador (m) furtivo	sāriq aṣ ṣayd (m)	سارق الصيد
cepo (m)	maṣyada (f)	مصيدة
recoger (setas, bayas)	ʒamaʻ	جمع
perderse (vr)	tāh	تاه

84. Los recursos naturales

recursos (m pl) naturales	θarawāt ṭabīʻiyya (pl)	ثروات طبيعيّة
recursos (m pl) subterráneos	maʻādin (pl)	معادن
depósitos (m pl)	makāmin (pl)	مكامن
yacimiento (m)	ḥaql (m)	حقل
extraer (vt)	istaxraʒ	إستخرج
extracción (f)	istixrāʒ (m)	إستخراج
mena (f)	xām (m)	خام
mina (f)	manʒam (m)	منجم
pozo (m) de mina	manʒam (m)	منجم
minero (m)	ʻāmil manʒam (m)	عامل منجم
gas (m)	ɣāz (m)	غاز
gasoducto (m)	xaṭṭ anābīb ɣāz (m)	خط أنابيب غاز
petróleo (m)	nafṭ (m)	نفط

oleoducto (m)	anābīb an naft (pl)	أنابيب النفط
pozo (m) de petróleo	bi'r an naft (m)	بئر النفط
torre (f) de sondeo	ḥaffāra (f)	حفّارة
petrolero (m)	nāqilat an naft (f)	ناقلة النفط

arena (f)	raml (m)	رمل
caliza (f)	ḥaʒar kalsiy (m)	حجر كلسيّ
grava (f)	ḥaṣa (m)	حصى
turba (f)	χaθθ faḥm nabātiy (m)	خثّ فحم نباتيّ
arcilla (f)	ṭīn (m)	طين
carbón (m)	faḥm (m)	فحم

hierro (m)	ḥadīd (m)	حديد
oro (m)	ðahab (m)	ذهب
plata (f)	fiḍḍa (f)	فضّة
níquel (m)	nikil (m)	نيكل
cobre (m)	nuḥās (m)	نحاس

zinc (m)	zink (m)	زنك
manganeso (m)	manɣanīz (m)	منغنيز
mercurio (m)	ziʼbaq (m)	زئبق
plomo (m)	ruṣāṣ (m)	رصاص

mineral (m)	maʼdan (m)	معدن
cristal (m)	ballūra (f)	بلّورة
mármol (m)	ruχām (m)	رخام
uranio (m)	yurānuim (m)	يورانيوم

85. El tiempo

tiempo (m)	ṭaqs (m)	طقس
previsión (f) del tiempo	naʃra ʒawwiyya (f)	نشرة جوّيّة
temperatura (f)	ḥarāra (f)	حرارة
termómetro (m)	tirmūmitr (m)	ترمومتر
barómetro (m)	barūmitr (m)	بارومتر

húmedo (adj)	raṭib	رطب
humedad (f)	ruṭūba (f)	رطوبة
bochorno (m)	ḥarāra (f)	حرارة
tórrido (adj)	ḥārr	حارّ
hace mucho calor	al ʒaww ḥarr	الجوّ حارّ

| hace calor (templado) | al ʒaww dāfiʼ | الجوّ دافئ |
| templado (adj) | dāfiʼ | دافئ |

| hace frío | al ʒaww bārid | الجوّ بارد |
| frío (adj) | bārid | بارد |

sol (m)	ʃams (f)	شمس
brillar (vi)	aḍāʼ	أضاء
soleado (un día ~)	muʃmis	مشمس
elevarse (el sol)	ʃaraq	شرق
ponerse (vr)	ɣarab	غرب
nube (f)	saḥāba (f)	سحابة

nuboso (adj)	ɣā'im	غائم
nubarrón (m)	saḥābat maṭar (f)	سحابة مطر
nublado (adj)	ɣā'im	غائم

lluvia (f)	maṭar (m)	مطر
está lloviendo	innaha tamṭur	إنّها تمطر
lluvioso (adj)	mumṭir	ممطر
lloviznar (vi)	raðð	رذّ

aguacero (m)	maṭar munhamir (f)	مطر منهمر
chaparrón (m)	maṭar ɣazīr (m)	مطر غزير
fuerte (la lluvia ~)	ʃadīd	شديد
charco (m)	birka (f)	بركة
mojarse (vr)	ibtall	إبتلّ

niebla (f)	ḍabāb (m)	ضباب
nebuloso (adj)	muḍabbab	مضبَب
nieve (f)	θalʒ (m)	ثلج
está nevando	innaha taθluʒ	إنّها تثلج

86. Los eventos climáticos severos. Los desastres naturales

tormenta (f)	'āṣifa ra'diyya (f)	عاصفة رعديّة
relámpago (m)	barq (m)	برق
relampaguear (vi)	baraq	برق

trueno (m)	ra'd (m)	رعد
tronar (vi)	ra'ad	رعد
está tronando	tar'ad as samā'	ترعد السماء

granizo (m)	maṭar bard (m)	مطر برد
está granizando	tamṭur as samā' bardan	تمطر السماء بردًا

inundar (vt)	ɣamar	غمر
inundación (f)	fayaḍān (m)	فيضان

terremoto (m)	zilzāl (m)	زلزال
sacudida (f)	hazza arḍiyya (f)	هزّة أرضيّة
epicentro (m)	markaz az zilzāl (m)	مركز الزلزال

erupción (f)	θawrān (m)	ثوران
lava (f)	ḥumam burkāniyya (pl)	حمم بركانيّة

torbellino (m), tornado (m)	i'ṣār (m)	إعصار
tifón (m)	ṭūfān (m)	طوفان

huracán (m)	i'ṣār (m)	إعصار
tempestad (f)	'āṣifa (f)	عاصفة
tsunami (m)	tsunāmi (m)	تسونامي

ciclón (m)	i'ṣār (m)	إعصار
mal tiempo (m)	ṭaqs sayyi' (m)	طقس سيّء
incendio (m)	ḥarīq (m)	حريق
catástrofe (f)	kāriθa (f)	كارثة

meteorito (m)	ḥaʒar nayzakiy (m)	حجر نيزكيّ
avalancha (f)	inhiyār θalʒiy (m)	إنهيار ثلجي
alud (m) de nieve	inhiyār θalʒiy (m)	إنهيار ثلجي
ventisca (f)	ʿāṣifa θalʒiyya (f)	عاصفة ثلجيّة
nevasca (f)	ʿāṣifa θalʒiyya (f)	عاصفة ثلجيّة

LA FAUNA

87. Los mamíferos. Los predadores

Español	Transliteración	Árabe
carnívoro (m)	ḥayawān muftaris (m)	حيوان مفترس
tigre (m)	namir (m)	نمر
león (m)	asad (m)	أسد
lobo (m)	ði'b (m)	ذئب
zorro (m)	θa'lab (m)	ثعلب
jaguar (m)	namir amrīkiy (m)	نمر أمريكيّ
leopardo (m)	fahd (m)	فهد
guepardo (m)	namir ṣayyād (m)	نمر صيّاد
pantera (f)	namir aswad (m)	نمر أسود
puma (f)	būma (m)	بوما
leopardo (m) de las nieves	namir aθ θulūʒ (m)	نمر الثلوج
lince (m)	waʃaq (m)	وشق
coyote (m)	qayūṭ (m)	قيوط
chacal (m)	ibn 'āwa (m)	ابن آوى
hiena (f)	ḍabu' (m)	ضبع

88. Los animales salvajes

Español	Transliteración	Árabe
animal (m)	ḥayawān (m)	حيوان
bestia (f)	ḥayawān (m)	حيوان
ardilla (f)	sinʒāb (m)	سنجاب
erizo (m)	qumfuð (m)	قنفذ
liebre (f)	arnab barriy (m)	أرنب برّيّ
conejo (m)	arnab (m)	أرنب
tejón (m)	ɣarīr (m)	غرير
mapache (m)	rākūn (m)	راكون
hámster (m)	qidād (m)	قداد
marmota (f)	marmuṭ (m)	مرموط
topo (m)	χuld (m)	خلد
ratón (m)	fa'r (m)	فأر
rata (f)	ʒurað (m)	جرذ
murciélago (m)	χuffāʃ (m)	خفّاش
armiño (m)	qāqum (m)	قاقم
cebellina (f)	sammūr (m)	سمّور
marta (f)	dalaq (m)	دلق
comadreja (f)	ibn 'irs (m)	إبن عرس
visón (m)	mink (m)	منك

castor (m)	qundus (m)	قندس
nutria (f)	quḍā'a (f)	قضاعة
caballo (m)	ḥiṣān (m)	حصان
alce (m)	mūz (m)	موظ
ciervo (m)	ayyil (m)	أيَل
camello (m)	ʒamal (m)	جمل
bisonte (m)	bisūn (m)	بيسون
uro (m)	θawr barriy (m)	ثور بريّ
búfalo (m)	ʒāmūs (m)	جاموس
cebra (f)	ḥimār zarad (m)	حمار زرد
antílope (m)	ẓabiy (m)	ظبي
corzo (m)	yaḥmūr (m)	يحمور
gamo (m)	ayyil asmar urubbiy (m)	أيَل أسمر أوروبيّ
gamuza (f)	ʃamwāh (f)	شاموه
jabalí (m)	χinzīr barriy (m)	خنزير بريّ
ballena (f)	ḥūt (m)	حوت
foca (f)	fuqma (f)	فقمة
morsa (f)	faẓẓ (m)	فظ
oso (m) marino	fuqmat al firā' (f)	فقمة الفراء
delfín (m)	dilfīn (m)	دلفين
oso (m)	dubb (m)	دبّ
oso (m) blanco	dubb quṭbiy (m)	دبّ قطبيّ
panda (f)	bānda (m)	باندا
mono (m)	qird (m)	قرد
chimpancé (m)	ʃimbanzi (m)	شيمبانزي
orangután (m)	urangutān (m)	أورنغوتان
gorila (m)	ɣurīlla (f)	غوريلا
macaco (m)	qird al makāk (m)	قرد المكاك
gibón (m)	ʒibbūn (m)	جبون
elefante (m)	fīl (m)	فيل
rinoceronte (m)	χartīt (m)	خرتيت
jirafa (f)	zarāfa (f)	زرافة
hipopótamo (m)	faras an nahr (m)	فرس النهر
canguro (m)	kanɣar (m)	كنغر
koala (f)	kuala (m)	كوالا
mangosta (f)	nims (m)	نمس
chinchilla (f)	ʃinʃīla (f)	شنشيلة
mofeta (f)	ẓaribān (m)	ظربان
espín (m)	nīṣ (m)	نيص

89. Los animales domésticos

gata (f)	qiṭṭa (f)	قطّة
gato (m)	ðakar al qiṭṭ (m)	ذكر القطّ
perro (m)	kalb (m)	كلب

caballo (m)	ḥiṣān (m)	حصان
garañón (m)	faḥl al xayl (m)	فحل الخيل
yegua (f)	unθa al faras (f)	أنثى الفرس
vaca (f)	baqara (f)	بقرة
toro (m)	θawr (m)	ثور
buey (m)	θawr (m)	ثور
oveja (f)	xarūf (f)	خروف
carnero (m)	kabʃ (m)	كبش
cabra (f)	mā'iz (m)	ماعز
cabrón (m)	ðakar al mā'ið (m)	ذكر الماعز
asno (m)	ḥimār (m)	حمار
mulo (m)	bayl (m)	بغل
cerdo (m)	xinzīr (m)	خنزير
cerdito (m)	xannūṣ (m)	خنّوص
conejo (m)	arnab (m)	أرنب
gallina (f)	daʒāʒa (f)	دجاجة
gallo (m)	dīk (m)	ديك
pato (m)	baṭṭa (f)	بطّة
ánade (m)	ðakar al baṭṭ (m)	ذكر البطّ
ganso (m)	iwazza (f)	إوزّة
pavo (m)	dīk rūmiy (m)	ديك رومي
pava (f)	daʒāʒ rūmiy (m)	دجاج رومي
animales (m pl) domésticos	ḥayawānāt dawāʒin (pl)	حيوانات دواجن
domesticado (adj)	alīf	أليف
domesticar (vt)	allaf	ألّف
criar (vt)	rabba	ربّى
granja (f)	mazra'a (f)	مزرعة
aves (f pl) de corral	ṭuyūr dāʒina (pl)	طيور داجنة
ganado (m)	māʃiya (f)	ماشية
rebaño (m)	qaṭī' (m)	قطيع
caballeriza (f)	isṭabl xayl (m)	إسطبل خيل
porqueriza (f)	ḥazīrat al xanāzīr (f)	حظيرة الخنازير
vaquería (f)	zirībat al baqar (f)	زريبة البقر
conejal (m)	qunn al arānib (m)	قنّ الأرانب
gallinero (m)	qunn ad daʒāʒ (m)	قن الدجاج

90. Los pájaros

pájaro (m)	ṭā'ir (m)	طائر
paloma (f)	ḥamāma (f)	حمامة
gorrión (m)	'uṣfūr (m)	عصفور
carbonero (m)	qurquf (m)	قرقف
urraca (f)	'aq'aq (m)	عقعق
cuervo (m)	yurāb aswad (m)	غراب أسود

corneja (f)	ɣurāb (m)	غراب
chova (f)	zāɣ (m)	زاغ
grajo (m)	ɣurāb al qayẓ (m)	غراب القيظ
pato (m)	baṭṭa (f)	بطّة
ganso (m)	iwazza (f)	إوزّة
faisán (m)	tadarruʒ (m)	تدرج
águila (f)	nasr (m)	نسر
azor (m)	bāz (m)	باز
halcón (m)	ṣaqr (m)	صقر
buitre (m)	raɣam (m)	رخم
cóndor (m)	kundūr (m)	كندور
cisne (m)	timma (m)	تمّة
grulla (f)	kurkiy (m)	كركي
cigüeña (f)	laqlaq (m)	لقلق
loro (m), papagayo (m)	babaɣā' (m)	ببغاء
colibrí (m)	ṭannān (m)	طنّان
pavo (m) real	ṭāwūs (m)	طاووس
avestruz (m)	na'āma (f)	نعامة
garza (f)	balaʃūn (m)	بلشون
flamenco (m)	nuḥām wardiy (m)	نحام ورديّ
pelícano (m)	baʒa'a (f)	بجعة
ruiseñor (m)	bulbul (m)	بلبل
golondrina (f)	sunūnū (m)	سنونو
tordo (m)	sumna (m)	سمنة
zorzal (m)	summuna muɣarrida (m)	سمنة مغرّدة
mirlo (m)	ʃaḥrūr aswad (m)	شحرور أسود
vencejo (m)	samāma (m)	سمامة
alondra (f)	qubbara (f)	قبّرة
codorniz (f)	sammān (m)	سمّان
pájaro carpintero (m)	naqqār al ɣaʃab (m)	نقّار الخشب
cuco (m)	waqwāq (m)	وقواق
lechuza (f)	būma (f)	بومة
búho (m)	būm urāsiy (m)	بوم أوراسيّ
urogallo (m)	dīk il ɣalanʒ (m)	ديك الخلنج
gallo lira (m)	ṭayhūʒ aswad (m)	طيهوج أسود
perdiz (f)	ḥaʒal (m)	حجل
estornino (m)	zurzūr (m)	زرزور
canario (m)	kanāriy (m)	كناريّ
ortega (f)	ṭayhūʒ il bunduq (m)	طيهوج البندق
pinzón (m)	ʃurʃūr (m)	شرشور
camachuelo (m)	diɣnāʃ (m)	دغناش
gaviota (f)	nawras (m)	نورس
albatros (m)	al qaṭras (m)	القطرس
pingüino (m)	biṭrīq (m)	بطريق

91. Los peces. Los animales marinos

brema (f)	abramīs (m)	أبراميس
carpa (f)	ʃabbūṭ (m)	شَبُّوط
perca (f)	farχ (m)	فرخ
siluro (m)	qarmūṭ (m)	قرموط
lucio (m)	samak al karāki (m)	سمك الكراكي
salmón (m)	salmūn (m)	سلمون
esturión (m)	ḥafʃ (m)	حفش
arenque (m)	rinʒa (f)	رنجة
salmón (m) del Atlántico	salmūn aṭlasiy (m)	سلمون أطلسيّ
caballa (f)	usqumriy (m)	أسقمريّ
lenguado (m)	samak mufalṭaḥ (f)	سمك مفلطح
lucioperca (f)	samak sandar (m)	سمك سندر
bacalao (m)	qudd (m)	قدّ
atún (m)	tūna (f)	تونة
trucha (f)	salmūn muraqqaṭ (m)	سلمون مرقَط
anguila (f)	ḥankalīs (m)	حنكليس
raya (f) eléctrica	ra''ād (m)	رعّاد
morena (f)	murāy (m)	موراي
piraña (f)	birāna (f)	بيرانا
tiburón (m)	qirʃ (m)	قرش
delfín (m)	dilfīn (m)	دلفين
ballena (f)	ḥūt (m)	حوت
centolla (f)	salṭaʿūn (m)	سلطعون
medusa (f)	qindīl al baḥr (m)	قنديل البحر
pulpo (m)	uχṭubūṭ (m)	أخطبوط
estrella (f) de mar	naʒmat al baḥr (f)	نجمة البحر
erizo (m) de mar	qumfuð al baḥr (m)	قنفذ البحر
caballito (m) de mar	ḥiṣān al baḥr (m)	فرس البحر
ostra (f)	maḥār (m)	محار
camarón (m)	ʒambari (m)	جمبريّ
bogavante (m)	istakūza (f)	إستكوزا
langosta (f)	karkand ʃāik (m)	كركند شائك

92. Los anfibios. Los reptiles

serpiente (f)	θuʿbān (m)	ثعبان
venenoso (adj)	sāmm	سامّ
víbora (f)	afʿa (f)	أفعى
cobra (f)	kūbra (m)	كوبرا
pitón (m)	biθūn (m)	بيثون
boa (f)	buwāʾ (f)	بواء
culebra (f)	θuʿbān al ʿuʃb (m)	ثعبان العشب

| serpiente (m) de cascabel | afʿa al ʒalʒala (f) | أفعى الجلجلة |
| anaconda (f) | anakūnda (f) | أناكوندا |

lagarto (m)	siḥliyya (f)	سحليّة
iguana (f)	iɣwāna (f)	إغوانة
varano (m)	waral (m)	ورل
salamandra (f)	samandar (m)	سمندر
camaleón (m)	ḥirbāʾ (f)	حرباء
escorpión (m)	ʿaqrab (m)	عقرب

tortuga (f)	sulaḥfāt (f)	سلحفاة
rana (f)	ḍifḍaʿ (m)	ضفدع
sapo (m)	ḍifḍaʿ aṭ ṭīn (m)	ضفدع الطين
cocodrilo (m)	timsāḥ (m)	تمساح

93. Los insectos

insecto (m)	ḥaʃara (f)	حشرة
mariposa (f)	farāʃa (f)	فراشة
hormiga (f)	namla (f)	نملة
mosca (f)	ðubāba (f)	ذبابة
mosquito (m) (picadura de ~)	namūsa (f)	ناموسة
escarabajo (m)	χunfusa (f)	خنفسة

avispa (f)	dabbūr (m)	دبّور
abeja (f)	naḥla (f)	نحلة
abejorro (m)	naḥla ṭannāna (f)	نحلة طنّانة
moscardón (m)	naʿra (f)	نعرة

| araña (f) | ʿankabūt (m) | عنكبوت |
| telaraña (f) | nasīʒ ʿankabūt (m) | نسيج عنكبوت |

libélula (f)	yaʿsūb (m)	يعسوب
saltamontes (m)	ʒarād (m)	جراد
mariposa (f) nocturna	ʿitta (f)	عتّة

cucaracha (f)	ṣurṣūr (m)	صرصور
garrapata (f)	qurāda (f)	قرادة
pulga (f)	burɣūθ (m)	برغوث
mosca (f) negra	baʿūḍa (f)	بعوضة

langosta (f)	ʒarād (m)	جراد
caracol (m)	ḥalzūn (m)	حلزون
grillo (m)	ṣarrār al layl (m)	صرّار الليل
luciérnaga (f)	yarāʿa muḍīʾa (f)	يراعة مضيئة
mariquita (f)	daʿsūqa (f)	دعسوقة
sanjuanero (m)	χunfusa kabīra (f)	خنفسة كبيرة

sanguijuela (f)	ʿalaqa (f)	علقة
oruga (f)	yasrūʿ (m)	يسروع
lombriz (m) de tierra	dūda (f)	دودة
larva (f)	yaraqa (f)	يرقة

LA FLORA

94. Los árboles

árbol (m)	ʃaӡara (f)	شجرة
foliáceo (adj)	nafḍiyya	نفضيّة
conífero (adj)	ṣanawbariyya	صنوبريّة
de hoja perenne	dā'imat al xuḍra	دائمة الخضرة
manzano (m)	ʃaӡarat tuffāḥ (f)	شجرة تفّاح
peral (m)	ʃaӡarat kummaθra (f)	شجرة كمّثرى
cerezo (m), guindo (m)	ʃaӡarat karaz (f)	شجرة كرز
ciruelo (m)	ʃaӡarat barqūq (f)	شجرة برقوق
abedul (m)	batūla (f)	بتولا
roble (m)	ballūṭ (f)	بلّوط
tilo (m)	ʃaӡarat zayzafūn (f)	شجرة زيزفون
pobo (m)	ḥawr raӡrāӡ (m)	حور رجراج
arce (m)	qayqab (f)	قيقب
pícea (f)	ratinaӡ (f)	راتينج
pino (m)	ṣanawbar (f)	صنوبر
alerce (m)	arziyya (f)	أرزيّة
abeto (m)	tannūb (f)	تنّوب
cedro (m)	arz (f)	أرز
álamo (m)	ḥawr (f)	حور
serbal (m)	ɣubayrā' (f)	غبيراء
sauce (m)	ṣafṣāf (f)	صفصاف
aliso (m)	ӡār il mā' (m)	جار الماء
haya (f)	zān (m)	زان
olmo (m)	dardār (f)	دردار
fresno (m)	marān (f)	مران
castaño (m)	kastanā' (f)	كستناء
magnolia (f)	maɣnūliya (f)	مغنوليا
palmera (f)	naxla (f)	نخلة
ciprés (m)	sarw (f)	سرو
mangle (m)	ayka sāḥiliyya (f)	أيكة ساحلبّة
baobab (m)	bāubāb (f)	باوباب
eucalipto (m)	ukaliptus (f)	أوكاليبتوس
secoya (f)	siqūya (f)	سيكويا

95. Los arbustos

mata (f)	ʃuӡayra (f)	شجيرة
arbusto (m)	ʃuӡayrāt (pl)	شجيرات

| vid (f) | karma (f) | كرمة |
| viñedo (m) | karam (m) | كرم |

frambueso (m)	tūt al ʻullayq al aḥmar (m)	توت العليق الأحمر
grosellero (m) rojo	kiʃmiʃ aḥmar (m)	كشمش أحمر
grosellero (m) espinoso	ʻinab aθ θaʻlab (m)	عنب الثعلب

acacia (f)	sanṭ (f)	سنط
berberís (m)	amīr barīs (m)	أمير باريس
jazmín (m)	yāsmīn (m)	ياسمين

enebro (m)	ʻarʻar (m)	عرعر
rosal (m)	ʃuʒayrat ward (f)	شجيرة ورد
escaramujo (m)	ward ʒabaliy (m)	ورد جبلي

96. Las frutas. Las bayas

fruto (m)	θamra (f)	ثمرة
frutos (m pl)	θamr (m)	ثمر
manzana (f)	tuffāḥa (f)	تفاحة

| pera (f) | kummaθra (f) | كمّثرى |
| ciruela (f) | barqūq (m) | برقوق |

fresa (f)	farawla (f)	فراولة
guinda (f), cereza (f)	karaz (m)	كرز
uva (f)	ʻinab (m)	عنب

frambuesa (f)	tūt al ʻullayq al aḥmar (m)	توت العليق الأحمر
grosella (f) negra	ʻinab aθ θaʻlab al aswad (m)	عنب الثعلب الأسود
grosella (f) roja	kiʃmiʃ aḥmar (m)	كشمش أحمر

| grosella (f) espinosa | ʻinab aθ θaʻlab (m) | عنب الثعلب |
| arándano (m) agrio | tūt aḥmar barriy (m) | توت أحمر برّيّ |

naranja (f)	burtuqāl (m)	برتقال
mandarina (f)	yūsufiy (m)	يوسفي
piña (f)	ananās (m)	أناناس

| banana (f) | mawz (m) | موز |
| dátil (m) | tamr (m) | تمر |

limón (m)	laymūn (m)	ليمون
albaricoque (m)	miʃmiʃ (f)	مشمش
melocotón (m)	durrāq (m)	دراق

| kiwi (m) | kiwi (m) | كيوي |
| toronja (f) | zinbāʻ (m) | زنباع |

baya (f)	ḥabba (f)	حبّة
bayas (f pl)	ḥabbāt (pl)	حبّات
arándano (m) rojo	ʻinab aθ θawr (m)	عنب الثور
fresa (f) silvestre	farāwla barriyya (f)	فراولة برّيّة
arándano (m)	ʻinab al aḥrāʒ (m)	عنب الأحراج

97. Las flores. Las plantas

flor (f)	zahra (f)	زهرة
ramo (m) de flores	bāqat zuhūr (f)	باقة زهور
rosa (f)	warda (f)	وردة
tulipán (m)	tulīb (f)	توليب
clavel (m)	qurumful (m)	قرنفل
gladiolo (m)	dalbūθ (f)	دلبوث
aciano (m)	turunʃāh (m)	ترنشاه
campanilla (f)	ʒarīs (m)	جريس
diente (m) de león	hindibā' (f)	هندباء
manzanilla (f)	babunʒ (m)	بابونج
áloe (m)	aluwwa (m)	ألوَة
cacto (m)	ṣabbār (m)	صبَّار
ficus (m)	tīn (m)	تين
azucena (f)	sawsan (m)	سوسن
geranio (m)	ibrat ar rā'i (f)	إبرة الراعي
jacinto (m)	zanbaq (f)	زنبق
mimosa (f)	mimūza (f)	ميموزا
narciso (m)	narʒis (f)	نرجس
capuchina (f)	abu xanʒar (f)	أبو خنجر
orquídea (f)	saḥlab (f)	سحلب
peonia (f)	fawniya (f)	فاوانيا
violeta (f)	banafsaʒ (f)	بنفسج
trinitaria (f)	banafsaʒ muθallaθ (m)	بنفسج مثلث
nomeolvides (m)	'āðān al fa'r (pl)	آذان الفأر
margarita (f)	uqhuwān (f)	أقحوان
amapola (f)	xaʃxāʃ (f)	خشخاش
cáñamo (m)	qinnab (m)	قنب
menta (f)	na'nā' (m)	نعناع
muguete (m)	sawsan al wādi (m)	سوسن الوادي
campanilla (f) de las nieves	zahrat al laban (f)	زهرة اللبن
ortiga (f)	qarrāṣ (m)	قرَّاص
acedera (f)	ḥammāḍ (m)	حمَّاض
nenúfar (m)	nilūfar (m)	نيلوفر
helecho (m)	saraxs (m)	سرخس
liquen (m)	uʃna (f)	أشنة
invernadero (m) tropical	daff'a (f)	دفيئة
césped (m)	'uʃb (m)	عشب
macizo (m) de flores	ʒunaynat zuhūr (f)	جنينة زهور
planta (f)	nabāt (m)	نبات
hierba (f)	'uʃb (m)	عشب
hoja (f) de hierba	'uʃba (f)	عشبة

hoja (f)	waraqa (f)	ورقة
pétalo (m)	waraqat az zahra (f)	ورقة الزهرة
tallo (m)	sāq (f)	ساق
tubérculo (m)	darnat nabāt (f)	درنة نبات

| retoño (m) | nabta sayīra (f) | نبتة صغيرة |
| espina (f) | ʃawka (f) | شوكة |

florecer (vi)	nawwar	نوّر
marchitarse (vr)	ðabal	ذبل
olor (m)	rā'iḥa (f)	رائحة
cortar (vt)	qaṭaʿ	قطع
coger (una flor)	qaṭaf	قطف

98. Los cereales, los granos

grano (m)	ḥubūb (pl)	حبوب
cereales (m pl) (plantas)	maḥāṣīl al ḥubūb (pl)	محاصيل الحبوب
espiga (f)	sumbula (f)	سنبلة

trigo (m)	qamḥ (m)	قمح
centeno (m)	ʒāwdār (m)	جاودار
avena (f)	ʃūfān (m)	شوفان
mijo (m)	duxn (m)	دخن
cebada (f)	ʃaʿīr (m)	شعير

maíz (m)	ðura (f)	ذرّة
arroz (m)	urz (m)	أرز
alforfón (m)	ḥinṭa sawdā' (f)	حنطة سوداء

guisante (m)	bisilla (f)	بسلة
fréjol (m)	faṣūliya (f)	فاصوليا
soya (f)	fūl aṣ ṣūya (m)	فول الصويا
lenteja (f)	ʿadas (m)	عدس
habas (f pl)	fūl (m)	فول

LOS PAÍSES

Afganistán (m)	afɣanistān (f)	أفغانستان
Albania (f)	albāniya (f)	ألبانيا
Alemania (f)	almāniya (f)	ألمانيا
Arabia (f) Saudita	as sa'ūdiyya (f)	السعوديّة
Argentina (f)	arʒantīn (f)	الأرجنتين
Armenia (f)	armīniya (f)	أرمينيا
Australia (f)	usturāliya (f)	أستراليا
Austria (f)	an nimsa (f)	النمسا
Azerbaiyán (m)	aðarbiʒān (m)	أذربيجان
Bangladesh (m)	banʒladīʃ (f)	بنجلاديش
Bélgica (f)	balʒīka (f)	بلجيكا
Bielorrusia (f)	bilarūs (f)	بيلاروس
Bolivia (f)	bulīviya (f)	بوليفيا
Bosnia y Herzegovina	al busna wal hirsuk (f)	البوسنة والهرسك
Brasil (m)	al brazīl (f)	البرازيل
Bulgaria (f)	bulɣāriya (f)	بلغاريا
Camboya (f)	kambūdya (f)	كمبوديا
Canadá (f)	kanada (f)	كندا
Chequia (f)	atʃ tʃīk (f)	التشيك
Chile (m)	tʃīli (f)	تشيلي
China (f)	aṣ ṣīn (f)	الصين
Chipre (m)	qubruṣ (f)	قبرص
Colombia (f)	kulumbiya (f)	كولومبيا
Corea (f) del Norte	kūria aʃ ʃimāliyya (f)	كوريا الشماليّة
Corea (f) del Sur	kuriya al ʒanūbiyya (f)	كوريا الجنوبيّة
Croacia (f)	kruātiya (f)	كرواتيا
Cuba (f)	kūba (f)	كوبا
Dinamarca (f)	ad danimārk (f)	الدانمارك
Ecuador (m)	al iqwadūr (f)	الإكوادور
Egipto (m)	miṣr (f)	مصر
Emiratos (m pl) Árabes Unidos	al imārāt al 'arabiyya al muttaḥida (pl)	الإمارات العربيّة المتّحدة
Escocia (f)	iskutlanda (f)	اسكتلندا
Eslovaquia (f)	sluvākiya (f)	سلوفاكيا
Eslovenia (f)	sluvīniya (f)	سلوفينيا
España (f)	isbāniya (f)	إسبانيا
Estados Unidos de América (m pl)	al wilāyāt al muttaḥida al amrīkiyya (pl)	الولايات المتّحدة الأمريكيّة
Estonia (f)	istūniya (f)	إستونيا
Finlandia (f)	finlanda (f)	فنلندا
Francia (f)	faransa (f)	فرنسا

100. Los países. Unidad 2

Georgia (f)	ʒūrʒiya (f)	جورجيا
Ghana (f)	ɣāna (f)	غانا
Gran Bretaña (f)	briṭāniya al ʿuẓma (f)	بريطانيا العظمى
Grecia (f)	al yūnān (f)	اليونان
Haití (m)	haīti (f)	هايتي
Hungría (f)	al maʒar (f)	المجر
India (f)	al hind (f)	الهند
Indonesia (f)	indunīsiya (f)	إندونيسيا
Inglaterra (f)	inʒiltirra (f)	إنجلترا
Irak (m)	al ʿirāq (m)	العراق
Irán (m)	ʾīrān (f)	إيران
Irlanda (f)	irlanda (f)	أيرلندا
Islandia (f)	ʾāyslanda (f)	آيسلندا
Islas (f pl) Bahamas	ʒuzur bahāmas (pl)	جزر باهاماس
Israel (m)	isrāʾīl (f)	إسرائيل
Italia (f)	iṭāliya (f)	إيطاليا
Jamaica (f)	ʒamāyka (f)	جامايكا
Japón (m)	al yabān (f)	اليابان
Jordania (f)	al urdun (m)	الأردن
Kazajstán (m)	kazaχstān (f)	كازاخستان
Kenia (f)	kiniya (f)	كينيا
Kirguizistán (m)	qirɣizistān (f)	قيرغيزستان
Kuwait (m)	al kuwayt (f)	الكويت
Laos (m)	lawus (f)	لاوس
Letonia (f)	lātviya (f)	لاتفيا
Líbano (m)	lubnān (f)	لبنان
Libia (f)	lībiya (f)	ليبيا
Liechtenstein (m)	liʃtinʃtāyn (m)	ليشتنشتاين
Lituania (f)	litwāniya (f)	ليتوانيا
Luxemburgo (m)	luksimburɣ (f)	لوكسمبورغ
Macedonia	maqdūniya (f)	مقدونيا
Madagascar (m)	madaɣaʃqar (f)	مدغشقر
Malasia (f)	malīziya (f)	ماليزيا
Malta (f)	malṭa (f)	مالطا
Marruecos (m)	al maɣrib (m)	المغرب
Méjico (m)	al maksīk (f)	المكسيك
Moldavia (f)	muldāviya (f)	مولدافيا
Mónaco (m)	munāku (f)	موناكو
Mongolia (f)	manɣūliya (f)	منغوليا
Montenegro (m)	al ʒabal al aswad (m)	الجبل الأسود
Myanmar (m)	myanmār (f)	ميانمار

101. Los países. Unidad 3

Namibia (f)	namībiya (f)	ناميبيا
Nepal (m)	nibāl (f)	نيبال

| Noruega (f) | an nirwīʒ (f) | النرويج |
| Nueva Zelanda (f) | nyu zilanda (f) | نيوزيلندا |

Países Bajos (m pl)	hulanda (f)	هولندا
Pakistán (m)	bakistān (f)	باكستان
Palestina (f)	filisṭīn (f)	فلسطين
Panamá (f)	banama (f)	بنما
Paraguay (m)	baraɣwāy (f)	باراغواي
Perú (m)	biru (f)	بيرو
Polinesia (f) Francesa	bulinīziya al faransiyya (f)	بولينزيا الفرنسيّة
Polonia (f)	bulanda (f)	بولندا
Portugal (m)	al burtuɣāl (f)	البرتغال

| República (f) Dominicana | ʒumhūriyyat ad duminikan (f) | جمهوريّة الدومينيكان |
| República (f) Sudafricana | ʒumhūriyyat afrīqiya al ʒanūbiyya (f) | جمهوريّة أفريقيا الجنوبيّة |

| Rumania (f) | rumāniya (f) | رومانيا |
| Rusia (f) | rūsiya (f) | روسيا |

Senegal (m)	as siniɣāl (f)	السنغال
Serbia (f)	ṣirbiya (f)	صربيا
Siria (f)	sūriya (f)	سوريا
Suecia (f)	as suwayd (f)	السويد
Suiza (f)	swīsra (f)	سويسرا
Surinam (m)	surinām (f)	سورينام

Tayikistán (m)	ṭaʒīkistān (f)	طاجيكستان
Tailandia (f)	taylānd (f)	تايلاند
Taiwán (m)	taywān (f)	تايوان
Tanzania (f)	tanzāniya (f)	تنزانيا
Tasmania (f)	tasmāniya (f)	تاسمانيا
Túnez (m)	tūnis (f)	تونس
Turkmenistán (m)	turkmānistān (f)	تركمانستان
Turquía (f)	turkiya (f)	تركيا

Ucrania (f)	ukrāniya (f)	أوكرانيا
Uruguay (m)	uruɣwāy (f)	الأوروغواي
Uzbekistán (m)	uzbikistān (f)	أوزبكستان
Vaticano (m)	al vatikān (m)	الفاتيكان
Venezuela (f)	vinizwiyla (f)	فنزويلا
Vietnam (m)	vitnām (f)	فيتنام
Zanzíbar (m)	zanʒibār (f)	زنجبار

www.ingramcontent.com/pod-product-compliance
Lightning Source LLC
Chambersburg PA
CBHW071503070426
42452CB00041B/2258